Casamento vertical

O segredo que transformará seu casamento

DAVE e ANN WILSON
com JOHN DRIVER

Casamento vertical

O segredo que transformará seu casamento

Vida

Vida
EDITORA VIDA
Rua Conde de Sarzedas, 246 – Liberdade
CEP 01512-070 – São Paulo, SP
Tel.: 0 xx 11 2618 7000
atendimento@editoravida.com.br
www.editoravida.com.br

Originalmente publicado nos EUA com o título
Vertical Marriage: The One Secret That Will Change Your Marriage

Todos os grifos são do autor.

■

Todas as citações bíblicas e de terceiros foram adaptadas segundo o Acordo Ortográfico da Língua Portuguesa, assinado em 1990, em vigor desde janeiro de 2009.

Editor responsável: Gisele Romão da Cruz
Editor-assistente: Marcelo Martins
Tradução: Jurandy Bravo
Revisão de tradução: Josemar de Souza Pinto
Projeto gráfico e diagramação: Luciana Di Iorio
Capa: Arte Peniel

1. edição: ago. 2019

Dados Internacionais de Catalogação na Publicação (CIP)
(Câmara Brasileira do Livro, SP, Brasil)

Wilson, Dave
Casamento vertical : o segredo que transformará seu casamento / Dave e Ann Wilson com John Driver ; [tradução Jurandy Bravo]. -- São Paulo : Editora Vida, 2019.

Título original: *Vertical marriage: The One Secret That Will Change Your Marriage*
ISBN 978-85-383-0398-5

1. Amor - Aspectos religiosos - Cristianismo 2. Casais - Relacionamento 3. Casamento - Aspectos religiosos - Cristianismo 4. Vida cristã I. Wilson, Ann. II. Driver, John. III. Título..

19-27532 CDD-248.844

Índices para catálogo sistemático:

1. Casais : Guias de vida cristã : Cristianismo 248.844

Maria Paula C. Riyuzo - Bibliotecária - CRB-8/7639

Nos pés do nosso leito nupcial, ajoelhamo-nos e oramos
para que Deus nos concedesse um legado
que impactasse o mundo com seu Reino.
Deus tem respondido a essa oração
por meio de nossos três filhos e as respectivas esposas,
a quem dedicamos este livro.

CJ e Robin: vocês levam a graça e a alegria de Jesus
a todos que encontram.
Austin e Kendall: vocês carregam consigo a essência
de Cristo aonde quer que vão
e dela derramam sobre seus filhos lindos –
Olive, Porter e Holden.
Cody e Jenna: a paixão de vocês por Jesus
e a forma com que se entregam a ele são fascinantes
e transformarão gerações.
Sigam liderando!

Possa o nosso legado indicar o casamento vertical para
as próximas gerações!

Sumário

Parte Quatro: A vida na vertical

Prefácio

Quando Deus criou Dave Wilson e Ann Baron, tinha grandes planos em mente!

Quando Deus os chamou para serem Dave e Ann Wilson, sorriu ao vê-los abraçarem a ideia.

E, quando Dave e Ann lhe renderam vida e casamento no aniversário do décimo ano juntos, Deus apareceu e mudou a trajetória deles, de modo que têm conseguido impactar centenas de milhares de outras vidas.

Barbara e eu conhecemos Dave e Ann há mais de três décadas. Temos visto os dois se destacarem como indivíduos, como casal e como família. Já deram palestras em mais de mil retiros para casais denominados *FamilyLife Weekend to Remember*, falando a dezenas de milhares de pessoas. São muito bons amigos e mensageiros de confiança levando auxílio e esperança para casamentos e famílias.

Você está prestes a se beneficiar profundamente do "segredo" compartilhado neste livro por essas pessoas tão queridas para nós.

Seu senso de humor será submetido a intenso exercício. Além de formarem um casal encantador e autêntico, os Wilsons são irremediavelmente engraçados, divertidos e fascinantes na comunicação revigorante que utilizam para se dirigirem à presente geração.

Seu coração será massageado e fortalecido à medida que você e seu cônjuge forem incentivados a levar o casamento às últimas consequências. Será encorajado a continuar apostando nos ingredientes de um excelente casamento — humildade, amor e perdão.

Sua vida está prestes a ser transformada pelo desafio da rejeição às rotinas da condescendência e da mediocridade no casamento, e de vocês avançarem com todo o ímpeto pela aventura singular de seguir Jesus. Dave e Ann têm uma missão e querem que você conheça a experiência pessoal de ser usado por Deus como modelo do seu amor a ser visto pelas pessoas.

Você não fez apenas uma excelente escolha ao adquirir este livro; fez uma escolha corajosa. Aperte o cinto — a viagem será empolgante, um grande desafio. Antevemos desde já que este será um dos melhores investimentos que você poderia fazer em favor de seu casamento e família.

Dennis e Barbara Rainey, cofundadores de FamilyLife e apresentadores do programa de rádio *FamilyLife Today*.

Parte Um

Verticalizando

Capítulo 1

Seis palavras que mudaram tudo

Uma vida — um casamento — é feita de momentos. Pequenos tijolos, insignificantes na aparência, que, empilhados um em cima do outro ao longo do tempo, se erguem calmamente em muros gigantescos, colunas de tirar o fôlego e pontos sobre todos os tipos de água. Nossa vida é edificada tijolo por tijolo. Momento a momento. Muitos desses momentos passam voando e, para ser bem franco, não são tão memoráveis assim. Afinal, são só pequenos tijolos.

De vez em quando, no entanto, um desses "pequenos" tijolos se desprende da parede da vida e começa a cair, pronto para esmagá-lo. De repente o pedaço insignificante de alvenaria olha dentro dos seus olhos e diz: "Escute aqui, cara! A escolha que você fizer nos próximos cinco minutos determinará o resto da sua vida — sua e dos seus filhos também!".

Experimentei (eu, Dave) um desses momentos "cuidado com o tijolo!" no décimo ano do nosso casamento.

Pausa.

Antes de enveredarmos por essa história, é provável que devêssemos primeiro nos familiarizar um com o outro e com a jornada que estamos prestes a empreender juntos. Eu me chamo Dave, e esta é minha esposa, Ann.

Diga oi para o pessoal, Ann.

Olá! Agora quem fala é a Ann. Sim, esta é mesmo uma introdução pouco ortodoxa, alternando os narradores de um parágrafo para o outro etc., mas talvez seja melhor você se acostumar com a heterodoxia. Volto ao assunto mais adiante.

Por ora quero apenas me apresentar e dizer que as palavras que enchem as páginas à sua frente estão impregnadas não só de Dave, mas também de mim. De qualquer forma, o que você está vivenciando neste instante é o que acontecerá periodicamente ao longo do livro: Dave e eu às vezes compartilharemos relatos e *insights* como indivíduos e, outras vezes, mergulharemos de mãos dadas nas histórias para falarmos como "nós" — metáfora talvez previsível, mas perfeita, dos "dois" que se tornam "um" no casamento.

Na verdade, só para treinarmos um pouco, observe Dave e eu nos metamorfoseando como por um passe de mágica em "nós" no próximo parágrafo. Três... Dois... Um...

Quando dois se tornam um

E aqui estamos. Nós dois. Uma transição indolor, certo? Que bom. Como gostaríamos que a fusão de duas vidas em uma no casamento também fosse indolor. Talvez você achasse que seria. E talvez, qualquer que seja o estágio em que se encontra no casamento, de recém-casado a veterano, você continue tendo a sensação de que ele é bastante indolor.

Talvez.

No entanto, se você se enquadra em qualquer categoria cronológica que ultrapasse as duas primeiras semanas de casamento, a probabilidade é de que sua vida conjugal não pareça exatamente indolor. O que não significa que seu casamento esteja em crise; apenas que ele é real.

Pode ser que ainda se distinga sua voz ou de seu cônjuge quando vocês falam como "nós" porque o funcionamento desse "nós" ainda é desconhecido para vocês. Talvez vocês tenham a sensação de que alguma coisa da sua *individualidade* se perde na mistura. Não sabem ao certo do que abrir mão e a que se apegar. Quais comentários deixar passar e quais justificam que se entre em pânico. Ou talvez o "nós" de vocês esteja indo muito bem, mas ainda querem desenvolvê-lo um pouco mais.

A essa altura, pode ser que você tenha perdido toda a esperança em relação a seu casamento. Se for sincero, talvez reconheça que não consegue nem fazer que seu cônjuge o acompanhe na leitura deste livro. Pode ser que você venha lutando para se manter firme por mais um dia. Se for esse o caso, só queremos dizer que, não importa onde você esteja, mesmo que custe acreditar, nós compreendemos... Já estivemos na mesma situação.

E, porque estivemos nessa situação, queremos pedir a você para fazer algo que pode parecer impossível. Só por um instante, em vez de desistir, será que você consegue aguentar mais um pouquinho? E, enquanto espera como se sua vida dependesse disso, estaria disposto a pedir para Deus trabalhar em *você*? Isso mesmo, em *você* apenas.

Sejamos francos, é provável que, de um jeito ou de outro, você já tenha descoberto que não pode mudar seu cônjuge. Parece uma constatação terrível, mas confie em nós — essa constatação vale para todo mundo e na verdade é uma coisa muito boa, embora machuque um pouco a princípio. Sendo assim, está disposto a permitir que Deus trabalhe *só em você,* ao menos por agora?

No nosso casamento, nós dois passamos por enorme confusão, apesar de acharmos que a culpa era do outro. Vamos contar a história inteira mais adiante, mas saiba que nos seis primeiros meses do nosso casamento um de nós olhou para o outro e disse: "Como eu gostaria de nunca ter me casado com você!".

Essa doeu.

Portanto, sim, temos uma ideia do que é viver sem esperança em relação ao próprio casamento. Independentemente do cenário em que você esteja, no entanto, temos novidades para contar: embora continuemos casados até hoje, não resolvemos todas as nossas pendências acerca do casamento. Não chegamos nem perto de um feito desses. Mas, agora que você sabe disso, também podemos contar que na verdade essa é uma boa notícia... Boa mesmo, de verdade. Por quê?

Porque nossa missão *não* é consertar você ou seu casamento. Consertar é o que se faz com uma peça de cerâmica quebrada ou um vazamento no motor do carro. Nossa missão é compartilhar com você um segredo que revolucionará por completo tanto sua vida pessoal quanto seu casamento de forma tal que nenhuma perspicácia ou sabedoria humana é capaz de oferecer.

Uma promessa e tanto, certo?

É mesmo, mas uma promessa que fazemos com toda a ousadia porque nossa confiança não está no que sabemos por nós mesmos; antes, em algo que tem sido continuamente revelado a nós no decorrer dos anos. Quando nossa cultura dilacera casamentos e famílias, fica evidente que não estamos equipados com ferramentas ou conhecimento para tornar nosso casamento saudável e duradouro. A maioria das pessoas acaba sobrevivendo apenas, resignando-se a muito menos do que a vinha que sonhou... Que *Deus* sonha para nós.

Portanto, nosso objetivo *não* é consertar você, mas, *sim,* mostrar e explicar como somos profundamente falhos, como todo mundo. Prometemos sinceridade — por dolorosa que seja — ao chamarmos sua atenção para algumas coisas que nos foram salientadas ao longo do caminho. Por meio da nossa narrativa pessoal dos altos e baixos no casamento, pretendemos compartilhar o segredo arisco para se encontrar a alegria e a transformação de relacionamento que Deus em sua graça projetou para cada um de nós experimentar.

Creia-me, trata-se de um segredo que ninguém parece conhecer. No decorrer dos anos, temos conversado com milhares de casais em nossas conferências sobre casamento, e praticamente ninguém demonstra ter ideia da verdade mais importante capaz de transformar o casamento. Tampouco nós a conhecíamos! A título de aperitivo: o segredo do casamento excelente é a verticalização, convidando Deus para tomar parte dos piores conflitos e dilemas sem solução.

Muitas vezes alternaremos os capítulos entre nós, mas, outras vezes (e você será muito bem avisado disso), voltaremos a falar como "nós". Por quê? A fim de que, seja você quem for, consiga experimentar tanto o ponto de vista masculino quanto o feminino dos desafios e aventuras que todos enfrentamos no casamento... E, por meio do grande segredo do casamento vertical, esperamos que você e seu cônjuge se desenvolvam a ponto de chegarem ao tipo de "nós" que Deus deseja para o seu casamento.

Aguardamos com ansiedade o início da jornada em sua companhia, mas, por ora, voltemos para Dave, como programado desde o início. Ele vai contar a você a história de um encontro romântico...

Nosso décimo aniversário

Eu (Dave) achei que nosso décimo aniversário seria uma das grandes noites da minha vida — na verdade, das nossas vidas. Na época, Ann e eu havíamos construído uma vida incrível juntos. Dissemos o "sim" em Ohio e nos mudamos para Nebraska, onde em 1980 me tornei capelão da equipe esportiva universitária conhecida como Cornhuskers, ou "debulhadores de milho" em inglês. Dois anos depois, resolvemos correr atrás do aperfeiçoamento da nossa formação para dedicarmos a vida ao ministério. De modo que fomos para a Califórnia e frequentamos um seminário.

Três anos mais tarde, eu tinha um diploma de mestre em Divindade e, mais importante que isso, Ann estava grávida do nosso primogênito. Mudamo-nos para Detroit, onde fui abençoado não só com mais dois filhos, mas também com a oportunidade de me tornar o mais jovem capelão da NFL — junto ao Detroit Lions. Ali conheci Steve Andrew, e começamos a sonhar em abrir uma igreja. Na época parecia que não tinha como a vida ser melhor.

O que poderia dar errado?

Vamos agora para 24 de maio de 1990. Era nosso décimo aniversário; eu passara meses planejando aquela noite. O marco dos dez anos é evidentemente importante, por isso resolvi lhe dedicar todos os meus esforços. O que significava garantir a reserva em um restaurante *sofisticado* em uma região também *sofisticada* de Detroit — e tudo por um preço *sofisticadíssimo*. Àquela altura, tínhamos dois filhos saudáveis e felizes. Mas aquela noite seríamos só nós dois; e eu sabia que seria inesquecível.

Gastar tanto dinheiro em um encontro romântico significava muito para mim, famoso pelo pão-durismo, uma vez que de fato gosto bastante de manter meu dinheiro em um maço apertado, muito bem organizado — e que jamais deveria ser aberto! Um amigo diz que só com um desencarcerador hidráulico para conseguir abrir minha carteira. Aquela noite, no entanto, eu mesmo a desencarcerei e gastei um pouco mais do que de hábito — na verdade, um maço inteiro de dinheiro.

Queria que Ann se lembrasse de que casar-se comigo fora a melhor decisão de sua vida.

Quando a noite de sexta-feira enfim chegou, envergamos nossos melhores trajes e seguimos para o restaurante. Combinei com o garçom que ele levaria dez rosas até nossa mesa em momentos estratégicos ao longo do jantar. Cada rosa representava um ano do nosso casamento. Assim, depois que nos acomodamos e pedimos alguns petiscos, lancei ao garçom "aquele olhar", de modo que ele colocou a rosa número um sobre a toalha de mesa. Eu e Ann compartilhamos então algumas lembranças do nosso primeiro ano de casados.

De imediato percebi que eu *arrasaria* naquela noite com Ann no quesito romantismo. Ela se mostrava entusiasmada demais para "falar" da nossa relação. Todo homem sabe que as mulheres não apenas falam. Homens falam, mas mulheres gostam de "falar" — compartilhar detalhes, sentimentos e tudo mais que nós, homens, dificilmente discutiríamos de livre e espontânea vontade. Pois bem, aquela noite, "falávamos" os dois, e Ann estava adorando. E, se ela adorava, eu marcava muitos pontos. Pontos importantes que com certeza valeriam a pena mais tarde, se é que você me entende.

Depois de mais ou menos dez minutos de reminiscências do primeiro ano, lancei ao garçom "aquele olhar" outra vez, ao que ele trouxe a segunda rosa. Eu sabia que estava dando uma verdadeira aula de como se corteja uma mulher para aquele garoto em idade universitária. Caramba, até esperava que ele *me* deixasse uma gorjeta no final.

O jantar não poderia ter sido melhor. Revisitamos os pontos altos de cada um dos nossos dez anos juntos — e tudo isso acompanhado de uma sequência de pratos extraordinários. Depois da comida, eu planejara mais uma surpresa.

Prestes a embarcarmos no sonho de uma vida inteira ajudando a abrir uma igreja que começaria a funcionar dentro de poucos meses, levei Ann até o estacionamento do colégio em que nossa igreja se instalaria. Ela ainda não vira a propriedade, por isso pensei que seria legal parar o carro nas imediações e orarmos juntos para que Deus fizesse um milagre naquele local — convertendo uma escolha pública em igreja pujante.

Para ser absolutamente sincero, no entanto, orar com Ann não era o único item da minha agenda para aquele estacionamento. Também achei que seria bastante romântico se pudéssemos "ficar" um pouco dentro do carro — se é que você me entende. Tinha certeza de que ela concordaria comigo.

Deve ter sido a reunião de oração mais curta que já conduzi. Depois do "amém", chegou a hora da porção extracurricular mais aguardada da nossa noite. Afinal, o encontro de fato tivera todas as marcas pelos quais anseiam as mulheres:

1. Nós nos olháramos nos olhos...
2. durante um jantar incrível...
3. em um restaurante sofisticado...
4. enquanto trocávamos lembranças românticas e "falando" bastante...
5. sobre como nosso casamento estava sendo maravilhoso.

O que poderia dar errado?

Quando me inclinei para beijá-la, Ann afastou o rosto. A princípio, supus que por alguma razão ela inocentemente não reconhecera minha intenção. De modo que tentei de novo. Dessa vez, ficou evidente que ela evitava meu beijo. Senti-me perplexo a ponto de fazer o que todo homem detesta: perguntar o que homem nenhum quer saber.

— Algum problema?

— Não — ela respondeu.

Sei. Depois de dez anos de casado, eu aprendera uma coisinha ou outra sobre a interpretação de suas mensagens não verbais. Ann estava dizendo que não havia nenhum problema, mas seu tom e postura diziam algo inteiramente diferente. De modo que respirei fundo e perguntei de novo.

— Fiquei com a impressão de que você não quer me beijar. Certeza de que não está com nenhum problema?

Seu olhar vazio me alarmou. Depois de longa pausa, enfim ela resmungou:

— Bem, na verdade há um problema sim...

Esperei em silêncio absoluto. Pensei que estivesse me saindo muitíssimo bem como marido e pai. Quero dizer, eu pregava sobre o assunto. Sabia o que a Bíblia diz sobre casamento. Nunca fui perfeito, mas imaginava que punha em prática o que pregava. Tínhamos um ótimo casamento que nada deixava a desejar ao de ninguém. Na verdade, se você me pedisse para avaliar meu casamento atribuindo uma nota de um a dez, eu diria dez... Se não dez, um 9,8. E a parte mais maluca disso é que seria capaz de garantir que minha esposa concordaria.

Na época eu não sabia, mas o momento que transformaria nossas vidas para sempre estava bem diante de nós. Ann proferiu suas palavras inesquecíveis — o tijolo que não vi ser desferido em minha direção:

— Bom, para ser muito franca, já não sinto nada por você.

Capítulo 2

"Já não sinto nada por você"

Na adolescência, eu sonhava encontrar o parceiro ideal, apaixonar-me por ele e cuidar dele pelo resto da vida. Por isso, quando conheci Dave Wilson, senti-me confiante de que os meus sonhos se concretizariam. Ou melhor, deixe-me reformular isso — conhecia Dave havia anos. A primeira vez que nos falamos, considerei-o o sujeito mais convencido e arrogante que já encontrara. Parecia não haver nada mais distante do homem dos meus sonhos!

Veja bem, em nossa cidade natal, Dave era "o cara". Representava o colegial da cidade atuando como *quarterback* nos jogos estaduais de futebol americano, como ponta de lança no basquetebol e na defesa no beisebol. Tinha boa aparência, era dono de cabelos cacheados esvoaçantes e de uma personalidade dinâmica — e tudo isso lhe subira à cabeça. Meu pai foi seu treinador no colégio, e eu me *recusei* a ser uma das muitas meninas que caíam de amores por seu charme.

Apesar de ele ser *mesmo* extremamente belo.

Depois que Dave foi para a faculdade como bolsista de futebol americano, perdi quase todo o contato com ele. Nosso único ponto de contato era por intermédio dos artigos de jornal que eu sempre lia sobre seu sucesso em campo. Mas então, no meu último ano de colégio, de repente topei com ele, que voltara a fim de passar as férias de inverno na casa dos pais.

Corriam boatos de que Dave se tornara cristão na faculdade havia pouco tempo, mas, para ser franca, não lhes dei crédito. Em nossa cidade, Dave ainda era conhecido como festeiro e mulherengo, alguém que sempre conseguia o que queria. Assim, ao vê-lo treinando arremessos no ginásio da escola, aproximei-me e disse:

— Ouvi dizer que você se tornou cristão. — Meu tom de voz e sorriso malicioso deixavam claro que eu não acreditava em uma palavra do que ouvira.

Quando ele me respondeu, senti estar diante de uma pessoa inteiramente diferente. A prepotência e o egocentrismo haviam desaparecido. Depois de tão pouco tempo seguindo Jesus, sua transformação se mostrava nada menos que extraordinária. Por essa eu não esperava. O relacionamento dele com Jesus era tanto real quanto contagioso — e mais que depressa me senti atraída por Dave.

Não demorei para romper com meu namorado (algo de que Dave ainda hoje se orgulha) e começasse a namorá-lo. Foi o primeiro namoro meu e dele alicerçado em Jesus. Ele fez toda a diferença do mundo. Com os outros rapazes, eu vivia estressada pensando em para onde o relacionamento estava indo. Com Jesus no centro, entretanto, o estresse e a ansiedade desapareceram. Cristo detinha o controle; e eu sabia que podia confiar nele para nos conduzir.

Dave e eu nos apaixonamos perdidamente um pelo outro — e, ao mesmo tempo, por Jesus. De quem meus namorados anteriores me afastavam, mas ele me aproximava. De modo que, quando fiquei noiva, a simples ideia de entrar na igreja para dizer "sim" ao famoso Dave Wilson era a coisa mais emocionante que eu podia imaginar. Minha expectativa juvenil funcionava como um projetor de filmes dentro da minha cabeça, exibindo imagens brilhantes e eufóricas em uma tela mental. Já podia imaginar o marido que Dave seria; afinal, era o homem mais piedoso que eu conhecia. Sabia que ele me guiaria em termos espirituais — sem falar que era o rapaz mais atraente do pedaço.

Eu tirara a sorte grande.

Flutuava em nuvem de êxtase — nuvem essa que, pensava eu, duraria para sempre. Uma das partes mais empolgantes da expectativa idílica toda era o que planejávamos fazer juntos no ministério. Tínhamos uma visão — o desejo de que Deus fizesse algo incrível por nosso intermédio. Assim, logo após o começo do nosso casamento, esse sonho começou a se tornar realidade.

Mas já aconteceu de você estar no cinema e o projetor de repente falhar? Para mim, quando o filme das minhas expectativas para o casamento começou a enroscar, o mesmo aconteceu com meu mundo inteiro.

A nuvem de êxtase em que flutuara se convertera em nevoeiro denso e irredutível — de que eu não conseguia escapar. E, quanto mais nos embrenhávamos nele, menos importante se tornava nosso casamento. Deixara de ser um sonho; era a realidade, uma realidade cada vez mais difícil. O sonho que se concretizava não era aquele que eu antevira.

As etapas ao largo das quais eu imaginara que caminharíamos desenvoltos acabaram se revelando pilhas de tijolos feios e velhos bloqueando o percurso. Dave afirma não ter percebido quando um desses tijolos se desprendeu da parede e voou em sua direção, mas a mim eles não causavam estranheza. Em algum ponto do caminho, comecei a recolhê-los um a um até encherem a mochila que arrastava às minhas costas dia após dia.

"Você está de saída de novo?"

Na época, Dave trabalhava em dois ou três empregos. Esforçava-se demais — procurando ser um bom pai, marido e implantador de igreja. Liderava estudos bíblicos a torto e a direito. Essas eram todas as coisas *boas* com que eu era obrigada a lidar — que tipo de pessoa não as aceitaria? E, quando surgiu a capelania do Detroit Lions, nenhum de nós duvidou de que representava uma grande oportunidade para ele.

Acontece que as temporadas da NFL não contribuem nada para fomentar a paz na agenda familiar. Quando Dave não estava reunido com jogadores e familiares ou conduzindo devocionais, estava na estrada com o time. Passava cada vez mais tempo fora de casa... E cada vez menos tempo conversando comigo. Sem falar nos dois menininhos que tínhamos em casa e precisavam dele.

Eu precisava dele.

Chegava a lhe dizer coisas do tipo:

— Querido, você tem de ficar aqui. Os meninos estão crescendo. Eu preciso de você. Os meninos também. Quero muito passar tempo com você.

— Sei disso — ele respondia. Todavia, depois de um período curto, eu me perguntava se sabia de verdade. Estava ciente de que ele tinha toda a intenção de ir até o fim com o que dizia, mas era-lhe impossível. Quando eu pensava que Dave dera o primeiro lugar para a família ao menos uma noite, via-o caminhando rumo à porta.

— Espere, você vai sair de novo esta noite?

— Sim, há uma reunião marcada para agora e preciso ir para falar com as pessoas.

Esse diálogo aconteceu milhares de vezes. Noite após noite desse tipo de troca de palavras se converteu em meses — e meses, em anos.

— Não importa, Dave. Ótimo. Ponho os meninos para dormir sozinha — de novo. Tudo bem, querido. A gente se vê.

Se você me pedisse para dar uma nota de um a dez ao meu casamento, eu diria que estávamos no um... Ou talvez um pouco mais próximos de 0,5. Percebia que Dave não fazia ideia disso, coisa que, lógico, só aumentava minha raiva. Afinal, francamente, como ele podia não saber que estávamos tão mal?

Enfrentando minha realidade

Essa foi minha realidade inconstante até que — sem me dar conta — dez anos se passaram. Então, do nada, de repente Dave quis fazer do nosso décimo aniversário um grande evento. Levou-me a um restaurante muito bom — o que me deixou curiosa para saber se ele conseguira algum cupom de desconto daquele lugar. Depois que nos sentamos e o garçom começou a depositar rosas em cima da mesa, concluí que Dave estava considerando aquilo tudo uma verdadeira goleada. Ele se pôs a derramar seu coração acerca dos dez anos que passáramos juntos. Fui obrigada a reconhecer que ele estava sendo muito meigo. Parecia um menino, à espera do próximo acontecimento que programara para a noite — dava para ver que planejara inclusive o que diria à chegada de cada rosa.

Foi um jantar adorável, mas não era preciso um cientista espacial para adivinhar a próxima etapa do plano — ah, o velho truque do estacionamento. Muito *lisonjeiro,* Dave... *Muito*. Eu o conhecia bem o bastante para saber que havia segundas intenções em sua "reunião de oração no estacionamento".

Eu conseguira sobreviver ao jantar inteiro e a todo o desfile de rosas, mas a ideia de me sujeitar a um momento íntimo, apaixonado ou espontâneo com ele em um estacionamento de escola era mais do que eu seria capaz de suportar naquele instante. Reconheci a expressão em seu rosto que procurei ignorar, mas afinal ele deu o bote.

E eu pensando: *Argh, não consigo nem... Nem pensar em uma coisa dessa.*

Dave me pareceu meio desorientado ante minha falta de afeto, o que, por sua vez, causou idêntico efeito em mim. Não tinha a intenção de machucá-lo, apenas não havia mais dentro de mim lugar para esconder meus sentimentos. Seria de imaginar que foi preciso reunir certa dose de coragem para dizer o que eu disse em seguida, mas as palavras saíram com facilidade, por deplorável que isso possa parecer. Eu estava tratando de fatos da realidade — tijolos que carregara no coração durante anos. Não podia continuar a fazê-lo. Soubesse ele ou não, agora era sua vez de sentir o peso daquilo tudo.

— Já não sinto nada por você.

Pronto. Eu enfim dissera. Queria que as palavras viessem acompanhadas de lágrimas, mas não aconteceu. O rosto de Dave refletia seu choque absoluto. Acabara de planejar uma noite romântica, mas, em vez disso, estava sendo confrontado com a realidade — *minha* realidade. As palavras que eu proferira eram a morte para ele, mas eu chegara a um ponto em que não sabia o que mais dizer.

Dave me pediu para explicar o que eu queria dizer, por isso respondi:

— Sinto como se você nunca estivesse em casa. Não parece comprometido comigo. Nem com os meninos.

As comportas tinham se aberto. Compartilhei com ele toda a raiva que sentira no início, mas que então fora me tornando amarga. Depois meu amargor se transformara em ressentimento. Mais algum tempo e já nem me importava se ele não estivesse em casa. Esse foi o último tijolo — não me importar com nada, caso Dave estivesse fora.

Eu estava fora. Desistira de tudo. Vivia sozinha aquela situação, e agora sabia que o fato de finalmente lhe falar seria o começo do fim do nosso casamento. Esperei uma resposta, mas ele não disse nada. O que poderia dizer? O que estava feito, estava feito.

Não me lembro de quanto tempo permanecemos em silêncio dentro do carro, eu aguardando uma resposta dele. Mas então Dave disse a coisa mais bizarra do mundo:

— Querida, eu só preciso fazer uma coisa antes.

Fazer alguma coisa? Do que ele estava falando? Será que pretendia ir a algum lugar?

Uma voz de Deus

Quando Ann disse que tinha deixado de me amar, eu (Dave) fiquei sem compreender a que ela se referia. De onde viera aquilo? Acabávamos de ter uma noite incrível. Eu considerava nosso casamento quase perfeito... Ao passo que para Ann ele praticamente chegara ao fim.

Quando ela começou a abrir o coração comigo, a reação inicial que tive foi ficar na defensiva. Confiava em minha capacidade de provar que estava errada e que, na verdade, eu passava mais tempo em casa do que ela se mostrava disposta a reconhecer. Queria lhe provar que ela e os meninos eram minhas prioridades máximas. Acredite você ou não, ameacei esticar o braço para o banco traseiro, pensando em alcançar a agenda para lhe mostrar por escrito que sua percepção de mim não chegava nem perto da realidade. Aliás, correr atrás de provas era meu modo regular de discutir com Ann naquela época — tentando provar minha razão em vez de dar ouvidos à dela.

Assim que estendi o braço para trás, senti uma voz interna. *Nem pense em tocar nessa agenda! Cale-se e preste atenção.* Bem, não era a voz audível de Deus, mas um cutucão do Espírito Santo que naquele instante percebi em alto e bom som. Na verdade, mais um empurrão que um cutucão.

De modo que me limitei a ficar sentado e escutar.

À medida que Ann compartilhava tudo que sentia, aos poucos fui entendendo como os meus horários eram mesmo malucos. Passei não apenas a escutá-la, mas a prestar atenção ao que dizia — e o que ouvi comoveu meu coração a ponto de ultrapassar a barreira da atitude defensiva e mergulhar na realidade profunda e obscura da verdade. Do começo ao fim.

Enquanto ela prosseguia — creia-me, não a interrompi nem uma vez — de novo senti Deus me falar. Foi uma experiência quase mística de fato. Ao mesmo tempo que escutava o que Ann dizia, também podia ouvir a voz de Deus. E distinguir a única palavra que ele proferiu.

Arrependa-se.

Quando Deus disse para me arrepender, eu sabia a que ele se referia. Não estava cometendo um pecado imoral nem traindo descaradamente meus votos de casamento. A convocação divina para minha vida, naquele momento, era muito clara — ele me chamava de volta ao primeiro amor. A uma intimidade com ele que eu já conhecera, porém não mais vivia.

Andava sempre tão ocupado na época que não me lembrava mais quando fora a última vez que me sentara com Deus e o amara, nem da última vez em que passara tempo com sua Palavra, permitindo que ele me amasse apenas. No último ano, toda vez que fora à Bíblia, o objetivo era preparar um sermão para pregar a outras pessoas. A maior parte das minhas orações era um pedido de ajuda quando eu subia ao púlpito. Vivia obcecado pelo trabalho, não mais por Deus. Em uma palavra, tornara-me morto. Lembro-me da adolescência na igreja em que odiava cristãos mornos — e da promessa de nunca ser um deles.

Mas agora esse era o grupo a que pertencia.

Naquele momento — talvez a ocasião mais sombria do nosso casamento — o segredo simples que em breve compartilharemos neste livro começou a ser revelado ao meu coração. Por meio de uma só palavra — "arrependa-se" — Deus me dizia que a única maneira de fazer funcionar o relacionamento "horizontal" entre mim como marido e Ann como esposa era ajustando meu relacionamento "vertical" com ele. Ambos são importantes para Deus, mas a ordem é fundamental... *De verdade.*

O relacionamento "vertical" *sempre* tem a primazia.

De modo que, quando Ann terminou de compartilhar o que estava em seu coração, disse-lhe que, antes de continuar a conversa, eu precisava fazer uma coisa, e tinha de ser já.

— Aqui mesmo. Agora mesmo.

Sabia que, antes de responder a ela, precisava reagir ao que Deus falara. Finalmente eu estava pronto para alinhar as duas informações de maneira adequada. Senti necessidade de orar — e de joelhos, ainda por cima —, pois desejava que minha postura refletisse a gravidade da entrega.

Foi o que fiz então. Ajoelhei-me na frente do banco do motorista do meu carro apertado, o que não foi fácil porque a direção ficou apertando-me as costas. Mas tinha de ser assim. Em seguida, orei... Em voz alta.

— Deus, eu me arrependo. Estou morno e não vivo em rendição completa ao Senhor. Quero ser o marido, pai e homem que o Senhor me chamou para ser. Nunca serei nada disso sem o senhor e o seu poder. Entrego ao Senhor então minha vida e o meu casamento.

No assoalho do carro

Dave precisava ir a algum lugar... Tudo bem. Só não seria um lugar que eu (Ann) pudesse imaginar. O momento que deveria marcar o começo do fim para o nosso casamento foi o início de um recomeço.

Não sei nem como ele fez aquilo. De alguma forma, conseguiu se virar dentro do nosso Honda e apoiar os joelhos no assoalho do carro — com a direção lhe apertando as costas. Perdi a fala. Ele então se pôs a orar em voz alta, declarando-se arrependido de viver ocupado demais e por estar morno — rogando a Deus que o ajudasse a se tornar o marido e o pai que devia ser, não mais o hipócrita em que se transformara.

Aqueles joelhos no assoalho me derrubaram. Sentada no interior do carro, não fiz outra coisa a não ser olhar para ele, incapaz de acreditar no que via. Meu coração se convertera em um tijolo dentro de mim — todavia, naquele instante, ele começou a se esfacelar. Enquanto Dave orava, de repente ouvi Deus murmurando com toda a gentileza em minha alma: *Ann Wilson, você vem tentando encontrar a felicidade em seu marido, mas eu não o fiz para isso. Jamais o capacitei para satisfazer todas as suas necessidades. Sou o único capaz disso.*

Mal consegui acreditar em meus ouvidos espirituais. A mensagem, no entanto, era inconfundível. Não me dispusera nem a dar um beijo em meu marido depois de dez anos de casados, mas, quando as palavras de Deus ecoaram em meu coração, prontifiquei-me a fazer algo ainda mais maluco: virei e coloquei-me de joelhos ao lado de Dave. Para mim, era um momento de arrependimento também.

— Jesus — orei —, quero entregar minha vida ao Senhor. Esta noite compreendi que venho procurando encontrá-la em Dave. Tento achar nele o que só o Senhor — só o Senhor mesmo — pode oferecer. Acreditei que, se Dave fosse um marido melhor, *então* eu seria feliz de verdade. Que mentira! O Senhor é minha verdadeira fonte de alegria. Escolho o Senhor outra vez esta noite como a minha vida. Tome-a e ao nosso casamento e faça grandes coisas em nós e por nosso intermédio.

Acrescentando a dimensão vertical

Uma história maluca, temos consciência disso. Mas ela é o motivo pelo qual você está lendo estas palavras — e revelou-nos o segredo de um casamento sadio, piedoso. Aquela noite, começamos a substituir os tijolos de amargura e do egoísmo que vínhamos carregando para todo lado havia tanto tempo. Foi um despertar espiritual para nós dois. Rogamos a Deus para vir ao nosso encontro e nos curar, para nos dar a sabedoria que nos permitisse seguir em frente a partir de então e, na verdade, transformasse nossos corações.

E a parte mais maluca de todas é que de fato ele fez tudo que pedimos.

Relembrando tudo isso cerca de vinte e oito anos depois, podemos afirmar que aquele momento de arrependimento mudou tudo... Tudo mesmo! O segredo que nos faltara na primeira década de casamento passou a ser nossa nova realidade diária — e hoje oramos para que isso se torne uma nova realidade para você também.

Não a rejeite por considerá-la simples demais — as verdades divinas que nos servem de alicerce em geral são bastante simples porque estão entremeadas no tecido da criação. Quando enfim você depara com um ou mais dos princípios divinos profundos da graça, quase sempre descobre que já eram familiares — como um par de luvas que veste muitíssimo bem. Antes de encontrá-lo, imagina que talvez suas mãos tenham sido feitas para sentir frio o tempo todo, mas vive insatisfeito o tempo todo. Então, quando uma verdade nova da graça de Deus aparece em sua vida, ela serve a você... Como uma luva!

Deus concede o que você nem sabia muito bem que sempre necessitou.

O segredo simples começa pela constatação de que um casamento exclusivamente horizontal não dá certo. Em nós mesmos não existe vida nenhuma — nem poder nenhum. O acréscimo da dimensão vertical cria espaço — um verdadeiro *ambiente* para vocês dois não apenas sobreviverem à relação, mas se realizarem como pessoas casadas. Sem a dimensão vertical, no entanto — sem Deus em primeiro lugar —, buscamos vida onde não há... Onde não existe um ponto mais elevado de graça para criar espaço para o crescimento, o perdão e o progresso.

Compreendemos que, por maravilhosos que fôssemos como pessoas, constituíamos péssimos deuses. Eu (Dave) tentava encontrar vida e felicidade por meio das minhas realizações, enquanto eu (Ann) buscava minha alegria no fato de Dave ser o marido com que sempre sonhara. Em ambos os casos, nenhum ser humano é capaz de nos dar o que só Deus possui.

C. S. Lewis escreveu: "Se encontro em mim um desejo que experiência nenhuma neste mundo pode satisfazer, a explicação mais provável é que fui feito para outro mundo".[1] Tem jeito melhor de dizer isso? O que você e eu estamos à procura que não pode ser encontrado na horizontal. Não há como o encontrar em outro ser humano ou em parte alguma do Planeta.

Sim, em teoria, você sabe que isso é verdade — também sabíamos antes de entrarmos naquele estacionamento. Mas o fato de nos "faltar espaço" provava que o conhecimento intelectual de que dispúnhamos não estava alinhado com a experiência do nosso coração.

Foi preciso um milagre vertical para mudar nossa confusão horizontal.

Veja bem, depois de pastorear durante anos e percorrer o país compartilhando sobre casamento com casais, descobrimos que não estávamos sós. A maioria das pessoas acredita que o casamento satisfará e realizará. Essa promessa é reforçada o tempo todo por nossa cultura, tanto cristã quanto secular. Pare um instante e pense em uma das falas mais famosas da cultura *pop*, extraída do filme *Jerry Maguire: a grande virada*.

Sim, somos capazes de apostar que você já sabe qual é.

Mas, para refrescar sua memória, imagine Tom Cruise parado na sala de estar da família de Renée Zellweger enquanto alguém do clube do livro de que ela participa discorre na maior monotonia a última obra escolhida para leitura. Jerry Maguire (Cruise) entra depois de fechar o maior negócio de sua carreira e revela para Dorothy (Zellweger) como tudo parece vazio demais sem ela. Nesse momento acontece a fala épica:

[1] Lewis, C. S. **Cristianismo puro e simples.** São Paulo: WMF Martins Fontes, 2009.

"Você me completa". É um momento histórico no mundo dos filmes "água com açúcar", o clímax perfeito que logo se desvanece nos créditos finais. Que romântico. Poético. Emocionante.

Oh, e uma grande mentira.

Sabe por que nunca houve um Jerry Maguire 2? Porque Dorothy jamais conseguiria completar Jerry! Ela pode ter dito "Você já me ganhou quando disse *olá*", mas é provável que lhe dissesse *adeus* com poucos anos de casamento com esse sujeito, por lindo e sedutor que ele fosse. Ele esperava dela o que ninguém pode dar.

Pelo simples fato de que você não pode completar seu cônjuge... Nem ele, a você. Não existe futuro para essa abordagem no casamento. Como no nosso caso, seu casamento se desvanecerá rapidamente em créditos finais — ou em uma relação desiludida, ou no divórcio que nunca fez parte dos seus planos. Se tentar encontrar verdadeira felicidade e alegria no casamento horizontal, você acabará ficando sem espaço. Como milhares de pessoas, concluirá que se casou com a pessoa errada — e que, se tivesse se casado com a certa, aí, sim, seria feliz... Feliz de verdade.

Mentira.

Sim, pode ser que você tenha se casado com a pessoa errada. No entanto, caso procure alguém para preencher um vazio divino, adivinhe o que vai acontecer — *toda* pessoa que há no mundo será a errada. No entanto, quando a dimensão vertical passa a fazer parte do casamento, ele deixa de estar restrito aos dois integrantes horizontais.

Não se engane — o casamento não pode ser nada menos que espetacular. Ao nos aproximarmos da nossa quarta década juntos, sinceramente não conseguimos imaginar como nosso casamento poderia ser melhor. Depois de levar algumas tijoladas na cabeça, contudo, aprendemos, de joelhos no assoalho do carro, que nenhum de nós bastava para preencher o vazio que ambos sentíamos. Que liberdade encontramos nessa constatação!

Nossa felicidade *não* se deve ao fato de encontrarmos vida um no outro. Descobrimos, os dois, que vida e alegria estão em um só lugar — Jesus. E sim, mesmo que já soubéssemos disso em teoria, quando revestimos realmente nosso casamento com sua graça, como quem calça um par de luvas quentes, o frio da dimensão horizontal se dissipou para sempre. Por quê? Porque, quando Cristo é sua fonte de vida, cada um de vocês tem a oportunidade de se tornar um doador dentro do casamento em vez de representarem meras sanguessugas a tentar o tempo todo tirar do outro o que nenhum dos dois está equipado para dar.

Se você está em situação tal no casamento que, se for sincero com seu cônjuge será obrigado a lhe dizer algo como "Já não sinto nada por você", por favor, pare e ore. Deus costuma usar nossos desalentos e decepções para nos apontar a si próprio. Talvez seja hora de parar de tentar achar vida real seja onde for que não em sua verdadeira fonte.

Chegou a hora de se humilhar (talvez a ponto de se ajoelhar no assoalho do carro) para clamar àquele que está bem acima de nós... Aquele que é vertical. Confie em nós: quando enfim você introduzir esse relacionamento vertical com Deus na equação, terá se posicionado para receber a ajuda dele a fim de obter também relacionamentos horizontais sadios.

Experimente — agora mesmo. É sério, vá em frente e se ajoelhe neste instante. Peça a ajuda de Deus. Ele ama esse tipo de oração e se move agora mesmo para socorrer você. Não perca a oportunidade. Partamos então juntos em uma jornada para descobrir como é de fato um casamento vertical.[2]

---

[2] Confira este *link* para ver-nos contando a história que mudou nossas vidas e legado. Disponível em: <https://daveandannwilson.com/about/>. Acesso em: 30 mar. 2019, 16:40:23>.

Capítulo 3

Surpresa na suíte nupcial

Que dia! Aquele com que toda menina sonha chegava ao fim...

Isso mesmo, o dia do meu (Ann) casamento.

Acontecera tudo que eu esperava. Com isso, não estou querendo dizer que meu vestido era perfeito, que as flores estavam perfeitas ou que a festa fora perfeita. Mas o dia fora perfeito porque compareci na presença de Deus ao lado do meu melhor amigo para proferir votos que durariam uma eternidade. Senti a presença de Deus quando demos as mãos e olhamos dentro dos olhos um do outro. E acreditei de verdade que um começo assim tão bom garantiria a calmaria dos anos futuros.

Depois do casamento, fomos de carro até Columbus, Ohio, onde passaríamos as duas primeiras noites dos quinze dias da nossa aventura. Sentia-me abençoada, feliz e humilde — vivia o privilégio de ter me casado com o homem dos meus sonhos.

Concluímos a hora e meia de viagem de puro encantamento, estacionamos na frente do Hotel Hilton e entregamos as chaves para o manobrista. Gostaria de ser uma observadora anônima vendo quando nos aproximamos meio atordoados da recepção para fazermos o *check-in*. Eu ainda em meu vestido de casamento e Dave todo elegante de *smoking*.

Namoráramos nove meses apenas. Pode não parecer muito tempo, mas para nós era uma eternidade. Veja, queríamos um relacionamento centrado em Deus e estávamos dispostos a fazer qualquer coisa que ele quisesse, o que implicara a decisão de permanecermos fisicamente puros durante o namoro e o noivado — Acredite, não foi nada fácil!

Estávamos prontos para aquela noite e mal podíamos esperar para ficarmos a sós. Ríamos sem parar — bem, acho que só eu ria assim quando subimos pelo elevador. Sei das minhas bochechas vermelhas porque meu coração batia acelerado.

Só esperava que Dave conseguisse me ajudar a sair de dentro da droga daquele vestido.

Abrimos a porta e deparamos com o maior quarto de hotel que já víramos na vida. Passeamos dentro dele espantados — durante mais ou menos cinco minutos. Havia questões mais urgentes para tratarmos.

Dave me ergueu nos braços e nos demos o tão esperado beijo, longo e desenfreado, absolutamente consentido entre marido e mulher. Em seguida, Dave conseguiu me tirar de dentro do vestido de alguma forma... Mesmo assim, eu o fiz esperar ainda mais, correndo para tomar banho sozinha depois de um dia tão longo.

Vesti minha *lingerie* especial escolhida com tanto esmero e, por cima, o luxuoso roupão de banho do hotel, só para aumentar a expectativa. Dave também correu para o chuveiro — onde permaneceu o total de dois minutos inteiros. Saiu e pegou minha mão, puxando-me na direção da cama.

Para minha surpresa, contudo, em vez de me lançar em cima dela, como eu esperava, sem soltar minha mão ele me levou ao pé da cama, onde fez que eu virasse para o encarar. Olhando para mim cheio de ternura, disse então:

— Antes de nos deitarmos, eu gostaria muito que nos ajoelhássemos diante do Senhor e lhe agradecêssemos por ter nos unido, mas, sobretudo, para lhe oferecer nossa vida e nosso casamento. Tudo bem para você?

Tudo mais que bem para mim! Não seria capaz de imaginar melhor maneira de iniciar nossa vida juntos. De modo que ali estávamos nós, ajoelhados, cada um, em nosso roupão de banho branco do Hilton, uma jovem inocente de 19 anos e um rapaz não muito mais velho, de 20 anos. Dave continuou segurando minha mão, dedos entrelaçados aos meus, quando curvamos a cabeça, roçando de leve uma fronte na outra.

Uma sensação de calma reverência nos cercou, como acontecera na igreja ao proferirmos nossos votos solenes um para o outro. Agora, no entanto, era ainda mais pessoal. Não havia ninguém por perto para nos ver ou ouvir — ninguém a não ser nosso Pai do céu que nos amava.

Meu jovem esposo começou a orar em voz alta:

— Pai celestial, obrigado por esse dia extraordinário e por unir Ann e eu de modo milagroso. Mal posso acreditar que o Senhor está nos permitindo construir uma vida juntos. Entrego minha vida ao Senhor, e entrego nosso casamento também. Pedimos que o Senhor nos use para impactar este mundo segundo seus propósitos. Oramos para que o Senhor nos dê um casamento não apenas *bom*, mas *excelente*!

Encerrei a oração, dizendo:

— Ó Senhor, concordo com Dave. O Senhor tem sido tão fiel e bom para nós. Entrego minha vida ao Senhor também, assim como nosso casamento. Faremos tudo que o Senhor quiser e iremos aonde o Senhor desejar. Ajude nosso casamento a ser luz para o mundo... E concordo com Dave, ajude--nos a termos um casamento não apenas bom, mas excelente! Em nome de Jesus pedimos essas coisas. Amém.

Seguiu-se então o *show* de pirotecnia — ou, pelo menos, o estouro de alguns rojões.

Não sabíamos na época, mas a oração da noite do nosso casamento mudaria o curso da nossa vida. Pensei que obrigaria os problemas a nos contornarem e deixarem em paz. Imaginei que tanta submissão a Deus desde o início abriria um caminho para o romance livre de desafios.

Como você já sabe, no entanto, verticalizarmo-nos no primeiro dia de casados não nos isentou do fracasso, da mágoa ou da desilusão. Mas aquela oração estabeleceu, isso sim, um padrão para nós — sempre que chegávamos a um ponto crítico em nosso relacionamento, colocávamo-nos de joelhos um ao lado do outro e confiávamos em Alguém diferente de nós mesmos para sustentar e fortalecer nosso casamento.

A verticalização do casamento não é um evento único, mas, sim, uma entrega diária.

Como é que é?

Ah, o êxtase da vida de casados! Eis o que estávamos experimentando. Nossa lua de mel não poderia ser melhor. Na verdade, o tempo voou enquanto mergulhávamos de olhos fechados nas alegrias do casamento. Restavam agora apenas três dias antes de termos de deixar New Hampshire e voltar para Ohio para enfrentarmos juntos a vida "real".

Mas, na minha cabeça, até que ponto a vida "real" podia ser tão ruim assim? Tinha ao meu lado um homem lindo e perfeito; o que poderia dar errado? Começara a desempenhar meu papel no casamento com uma oração na vertical, mas minha segurança emocional continuava estabelecida com firmeza no plano horizontal de uma pessoa — e mal sabia eu que essa pessoa não estava preparada, nem jamais poderia estar, para ser a fonte da minha segurança nesta vida.

Aquela noite, eu dormia um sono pesado quando de repente fui acordada por alguém chamando meu nome. O sobressalto foi tamanho que me sentei na cama. Olhei para Dave, achando que fora ele, mas vi que continuava dormindo profundamente. Percorrendo o quarto com o olhar, experimentei uma sensação de calma santidade. É difícil descrevê-la, mas de alguma forma eu sabia que Deus queria falar comigo, de modo que levantei da cama reverente e maravilhada. As velhas tábuas do piso do chalé rangeram sob meus pés. Ajoelhei-me então em cima da trama do tapete desbotado.

De mãos postas e cabeça curvada até os joelhos, sussurrei:

— Estou aqui, Senhor.

Sem um único segundo de demora, uma voz forte e clara soou em minha cabeça: "Ann, leia o livro de Tiago".

Só isso. Mais nada. A atmosfera de santidade se dissipou enquanto eu esperava para saber se ouviria mais alguma coisa. *Não. Nada. Zero. Silêncio absoluto. Bem, que estranho,* pensei retornando à cama e me aninhando junto a Dave. *Por que isso?,* refleti quando já começava a pegar no sono outra vez. Cristã nova, não sabia do que tratava o livro de Tiago, mas esperava que incluísse alguma coisa sobre Deus tornar realidade todos os nossos sonhos. Sim, esse foi meu último pensamento antes de adormecer de novo.

Na manhã seguinte, dormi até tarde e preparei um farto café da manhã para meu marido. Saímos então para ler a Bíblia e passar algum tempo em oração. Sentados diante do belíssimo lago Winnisquam, relatei para Dave o que me acontecera no meio da noite.

— Que estranho — ele comentou, intrigado como eu.

— Sobre o que é o livro de Tiago? — perguntei. Os dois éramos novos no relacionamento com Deus. Nenhum de nós fora criado em um lar em que questões espirituais fossem muito discutidas.

— Não sei dizer com certeza, mas acho que tem a ver com atravessar tempos difíceis.

Abri minha Bíblia e folheei até quase o final, lembrando que Tiago ficava em algum lugar perto de Apocalipse.

— Achei! — anunciei toda feliz. — Por que não leio em voz alta, para depois podermos conversar a respeito? — sugeri.

Dave concordou com um aceno de cabeça, de modo que comecei, partindo dos cinco primeiros versículos de Tiago 1:

> Tiago, servo de Deus e do Senhor Jesus Cristo, às doze tribos dispersas entre as nações: Saudações. Meus irmãos, considerem motivo de grande alegria o fato de passarem por diversas provações, pois vocês sabem que a prova da sua fé produz perseverança. E a perseverança deve ter ação completa, a fim de que vocês sejam maduros e íntegros, sem que falte a vocês coisa alguma. Se algum de vocês tem falta de sabedoria, peça-a a Deus, que a todos dá livremente, de boa vontade; e lhe será concedida.

Minha cabeça girava. *Como é que é? Onde está a parte que diz que, se você seguir Jesus, ele lhe dará saúde, felicidade e sabedoria? Isso é uma pegadinha, Deus? Caramba, estou em lua de mel! Agora é hora de fazermos amor e sonharmos com nosso futuro juntos!*

Dave e eu ficamos em silêncio por alguns minutos.

— Em sua opinião — perguntei —, por que Deus me acordaria para me mandar ler um livro tão deprimente?

— Não faço ideia — foi sua resposta.

Aquilo tudo era um pouco pesado demais para merecer nossa reflexão naquele dia espetacular de tão ensolarado. De modo que acondicionei o assunto nos recessos mais longínquos da mente, esperando não precisar resgatá-lo tão cedo.

Sacrificando minha vida

Três meses se passaram, e tudo estava indo muito bem. Deixáramos a lua de mel para trás e morávamos com *nossos* pais (isso mesmo que você ouviu — não só os *meus* nem só os *dele*) em Ohio. Dávamos duro para aumentar a capacidade de nos sustentar a fim de podermos continuar subordinados à Universidade de Nebraska e nos juntarmos à equipe da Cruzada Estudantil e Profissional para Cristo como seus novos representantes em campo dos Atletas em Ação. Levantar nosso sustento não era nada fácil, mas ficávamos impressionados com a quantidade de dinheiro que Deus estava suprindo — e gratos pelas pessoas incríveis que conhecíamos ao longo do caminho. Mas, sim, morávamos com nossos pais. Íamos de um lado para o outro entre a casa dos meus pais e a dos pais deles, dependendo das necessidades da semana.

Houve determinada semana em que ficamos com a mãe de Dave — na Suíte Nupcial de Janiece, como ela chamava. Uma noite, quando Dave e eu já estávamos havia horas na cama, a mesma cena se desenrolou outra vez, como durante nossa lua de mel.

"Ann!" Era a voz me acordando de novo.

A mesma atmosfera de santidade voltou a se instalar — a sensação de que Deus estava presente e desejoso de me falar. Eu já sabia como agir, de modo que afastei as cobertas em silêncio e me ajoelhei do lado da cama.

— Aqui estou, Jesus. O que o Senhor quer de mim? — perguntei com humildade, a cabeça bem baixa.

Nítido como se alguém sussurrasse em meu ouvido, escutei: "Ann, você está disposta a morrer por mim?".

Dava para perceber que não se tratava de uma piada. Senti o peso da situação no fundo das entranhas. O medo começou a crescer em meu peito e a subir para minha cabeça. Repeti mentalmente: "Se eu morreria por Jesus?".

— Senhor — murmurei desesperada —, o Senhor está me perguntando se eu seria capaz de morrer de verdade por ti?

"Ann", ouvi de novo, "está disposta a morrer por mim?".

Gostaria de poder dizer que minha resposta foi abnegada e santa, mas estaria mentindo.

— Hum, bem... Não, Jesus, não agora! Estou com 19 anos apenas e acabo de me casar. Tenho uma vida inteira pela frente! Como vou ter filhos ou causar algum impacto no mundo se morrer agora?

Foi quando a pergunta dele se tornou um pouco mais específica: "Você morreria e sacrificaria sua vida por fim para que eu possa fazer de Dave o homem que quero que ele seja?".

Ora, a história estava indo longe demais! Eu queria servir a Jesus — amá-lo e contar para todo o mundo o que sabia dele, mas morrer de fato de alguma enfermidade terrível ou em um acidente de carro fatal só para que Dave Wilson pudesse se tornar "o cara" piedoso e ser usado por Deus de maneira extraordinária? Não, obrigada.

Então minha imaginação enveredou por esse rumo. Imaginei Dave no meu enterro — chorando devastado, coração partido, o tempo todo entregando tudo que tinha a Jesus e afinal se tornando um grande homem — sem mim a seu lado. Se estava disposta a permitir que isso acontecesse? A resposta continuava sendo não. Comecei a chorar, rogando a Deus que não me levasse. Supliquei que nos usasse juntos, não separados.

"Ann, você morreria e sacrificaria sua vida por mim de modo que eu possa fazer de Dave o homem que quero que ele seja?"

Continuei a chorar baixinho enquanto Deus insistia em me propor a mesma pergunta. Eu amava muito Jesus. Ele dera a vida para que eu pudesse viver. Presenteara-me com uma alegria e um propósito inimagináveis. Eu era jovem na fé, mas sabia que podia confiar a Deus minha vida, meu casamento, meu futuro e minha morte. Era um Deus bom e só queria que eu tirasse proveito do relacionamento com ele. Ouvindo sua pergunta, em vez de rejeitá-la de pronto outra vez, comecei a ponderar suas implicações. Amava-o o suficiente para confiar nele a ponto de oferecer minha vida como sacrifício vivo para que Dave se tornasse o homem que ele, Deus, desejava? Se isso fazia parte do propósito divino para minha vida, estaria disposta a viver — ou morrer — por esse propósito?

Demorou um pouco, mas devagar um senso de determinação começou a crescer dentro de mim, erguendo-se como a onda que avança para a praia. Isso me deu coragem, ajudando-me a decidir. Ainda me sentia amedrontada. Ainda me sentia machucada. Mas enxuguei as lágrimas e murmurei com sinceridade:

— Jesus, eu entrego ao Senhor minha vida... E, sim, abro mão da vida a fim de que o Senhor possa fazer de Dave o homem que deseja que ele seja.

Tinha de dizer isso. Mas então comecei a chorar outra vez ante a ideia de deixar tudo que eu conhecia e amava na terra, na plena expectativa de que Deus me levaria a qualquer instante. Fiquei esperando enquanto segundos e minutos passavam, mas não ouvi nada a não ser o silêncio.

De repente, escutei a voz já familiar para mim: "Ann, não tirarei sua vida, mas haverá ocasiões no próximo ano em que você desejará que eu o tivesse feito. O ano que entra será cheio de provações e dificuldades; no entanto, saiba que estou com você e usarei as circunstâncias para começar a fazer de Dave o homem que desejo que ele seja. As provações moldarão vocês dois de modo que fiquem mais parecidos comigo — e ensinarão vocês a dependerem de mim".

Ao saber que não morreria de fato nem aquela noite nem tão cedo, o alívio tomou conta do meu coração. Sabia que ele falara em provações, mas qualquer coisa era melhor que morrer, certo? Na verdade, não passei muito tempo meditando nas palavras proféticas. Elas não me inundaram a alma senão meses depois, quando as provações começaram de verdade.

Refinados pelo fogo

Olhando para trás, para aquela noite inesquecível, não posso deixar de me sentir grata pelo alerta gracioso do Senhor de que uma batalha estava para se iniciar em nossa vida e em nosso casamento. Suas palavras se converteram em realidade, e a vida passou a ser insuportavelmente dura. Aquela noite me marcou para sempre, mas reconheço que esse fato não amenizou as provações que estávamos para enfrentar. Apenas me deixou ciente de que Deus não estava longe; ele permaneceu presente conosco em toda a situação.

Sim, à medida que penetramos de fato nos conceitos do casamento, seria fácil demais repetir às pressas histórias e conselhos inteligentes sobre como se comunicar ou como apimentar a relação. Mas a verdade é que casamento não tem nada de fácil. É uma questão de vida e morte — por isso seus votos refletem essa verdade na expressão "Até que a morte nos separe".

Antes de continuar lendo, você não precisa ser despertado por algo como uma voz audível ecoando no fundo da alma. Acredite, as Escrituras deixam patente que Deus está propondo a você a mesma pergunta que ele me dirigiu. Você está disposto a perder tudo que tem e pensa desejar a fim de que Deus possa dar a você — e a seu cônjuge — tudo que ele quer e sabe que vocês precisam? Consegue confiar em que os sonhos divinos para seu casamento são mais elevados que os de vocês dois, mesmo que ele os conduza por circunstâncias difíceis?

Lucas, o evangelista, afirma com muita clareza: "Pois quem quiser salvar a sua vida a perderá; mas quem perder a sua vida por minha causa, este a salvará" (9.24). Você não precisa morrer fisicamente para perder a vida; basta ouvir, confiar e se dispor a deixar outro Alguém tomar as rédeas dos seus sonhos, direção e, em última análise, até o casamento. E sim, como você agora é "um" com seu cônjuge, o que Deus faz em sua vida também será uma ferramenta muito eficaz para realizar algo significativo na vida dele ou dela. Ferro afia ferro — e, de quando em quando, fagulhas voarão.

Você não precisa se sentir preparado ou capaz; só tem de estar disposto. Isso é tudo. Deus não necessita que você seja corajoso, apenas disposto. Nem qualificado; ele o qualificará por meio do processo e plano que implementará. Apenas ouça e se disponha, sabendo que perder-se é algo para o que você pode dizer sim, pois confia que a vida que Deus tem para dar a você é infinitamente maior que a que você planeja ter.

O casamento vertical é um lugar em que você se perde — não nos sonhos e ambições do seu cônjuge, mas, sim, nos sonhos e na direção de um Pai digno de confiança. Ele não está tentando destruir você, mas refinar. Os metais mais preciosos são moldados no fogo, e parece que nós, filhos preciosos de Deus, somos moldados da mesma forma.

Está disposto a morrer? Se sim, prepare-se para viver.

Capítulo 4
A verticalização começa aqui

As palavras de Deus para Ann se materializaram; nosso primeiro ano de casados foi cheio de dor. Quase sempre ficávamos acordados até depois da meia-noite tentando resolver conflitos. Eu (Dave) estava convencido de que Ann era egoísta e equivocada — e claro que eu não era nem uma coisa nem outra. A todo instante gritava para tentar convencê-la, mais uma vez, de que eu tinha razão. Não conseguia compreender tanta carência da parte dela, nem por que se sentia tão desprezada por mim. Ficava exausto tentando satisfazer todas as suas necessidades, e ela vivia frustrada com minha "ignorância". Feríamo-nos toda hora com palavras duras e gestos egocêntricos.

Com apenas nove meses de casados, Ann e eu nos debruçamos sobre mais um dos nossos conflitos diários que nunca pareciam se resolver. Acabei desistindo e indo para a cama, mas às 2 horas da manhã me vi sem sono nenhum, de modo que desci e abri a Bíblia em busca de socorro divino.

Ao ler a famosa declaração do apóstolo Paulo, "porque para mim o viver é Cristo e o morrer é lucro" (Filipenses 1.21), de repente me ocorreu uma constatação: *eu preferia estar morto a casado com Ann.* Acredite você ou não, nosso casamento se tornara assim difícil em apenas nove meses. Se alguém me dissesse no dia do nosso casamento que ainda me sentiria daquele jeito, e que aconteceria em menos de um ano, eu responderia chamando-o de louco. Mas tenho conversado com centenas de maridos e esposas que se identificam conosco nesse aspecto. O primeiro ano costuma mesmo ser considerado complicado, mas para nós suas provações foram um choque.

Quando Ann desceu para ver o que eu estava fazendo, pareceu contente ao perceber que eu lia a Palavra de Deus. Mas então lhe relatei a oração que acabava de fazer. Fui bastante literal:

— Confessei para Deus que eu preferia estar morto a casado com você.

Como você bem pode imaginar, ela ficou arruinada ouvindo isso. (Aliás, *não* é uma ideia muito boa dizer esse tipo de coisa para seu cônjuge. Jamais!) Mas eu só estava querendo ser sincero, porque a verdade das minhas palavras naquele instante era dolorosa, porém real.

O que Deus revelara anteriormente para Ann era agora a realidade. Todavia, ele estava *bem ali*, pronto para dar início a um milagre.

Da morte para a vida

No decorrer dos anos do nosso casamento, Ann e eu enfrentamos com frequência o que na ocasião parecia a morte. A morte dos nossos sonhos. A morte das nossas expectativas. A morte do nosso amor. Na verdade, a única razão pela qual continuamos juntos é porque havia — e há — um Pai amoroso e pessoal para intervir no sentido da transformação da vida e da personalidade de cada um de nós. Por meio desse triângulo amoroso improvável, uma extraordinária vida em conjunto brotou desses momentos de morte aparente.

Esse é o mistério maravilhoso do que Deus promete fazer na vida — e no casamento — dos que são seus. Ele pega o choro de uma noite inteira e de alguma forma o converte em alegre manhã de regozijo. Pega cinzas — a matéria final e sem valor resultante da consumação pelo fogo — e produz algo belo. Sim, o Senhor transforma morte em vida. Não se trata de simples metáfora, mas do que Deus faz em sentido literal. Essa é a única razão pela qual continuamos aqui e casados — e, ainda por cima, felizes. Na verdade, enquanto escrevia, perguntei agora para Ann qual nossa posição atual na escala do casamento, e ela respondeu 9,9.

Equivocou-se de novo, claro — estamos em 10!

Você não precisa ser perfeito para Deus operar esse tipo de milagre diário em sua vida ou casamento. Com certeza nós não somos. Pode ser que você tenha defeitos graves. Talvez viva irritado. Ou seja viciado. Ou apático. Talvez até ateu. De cada uma dessas situações, você continua sendo alvo da graça. Ainda está na mira do Salvador. Não há necessidade de tentar consertar seu casamento antes de poder confiar plenamente que a verticalização desempenhará um papel ativo em sua história.

O simples fato de estar lendo estas palavras comprova que você vem sendo perseguido pela graça — e que excelente notícia! Mesmo quando me mostrei marido e pai negligente, afugentando os sentimentos que um dia minha esposa nutrira a meu respeito, Cristo andava atrás de mim. Jamais deixou de se importar, mesmo quando minha hipocrisia atingia níveis cataclísmicos. Nunca mereci essa atenção de cima para baixo — e continuo sem merecê-la. Mas nada o detém.

O lugar certo para começar *não* é a simples implementação de conselhos, truques ou lições de história envolvendo relacionamentos. Nem consiste em tratar dos problemas do casamento um a um, de modo que cada passo em falso possa ser meticulosamente atacado com toda a energia que cada um de vocês consegue reunir — creia-me, essa abordagem o deixará exausto, porque tratar seu casamento como um projeto de trabalho consegue deitar abaixo justo as porções da relação que você está tentando recuperar.

Não, o lugar certo para começar é com Jesus. Entregue-se à plena fé de que a graça divina em Cristo está sendo oferecida, não importa quão distante, indigno ou sujo você se sinta.

Seria fácil instruir você no sentido de dar duro para criar um casamento melhor, mas essa abordagem sozinha jamais produzirá uma história ou um casamento vertical. A autodisciplina é excelente, mas não transforma corações; só Cristo pode fazê-lo. Primeiro você necessita se render ao amor que Deus devota a você. Confie nele, e então você estará se abrindo para tudo que só Deus pode realizar em sua vida e em seu casamento.

A partir do momento em que confiar nele, você estará pronto para atacar os problemas em seu casamento — mas então os seus esforços darão resultados, pois o Espírito Santo de Deus conferirá autoridade a seus pensamentos e ações.

Fora de alinhamento

Volte comigo à história do assoalho do carro — à noite em que meu casamento quase se desfez. Pense na maluquice que era o fato de, àquela altura, eu já ter dez anos de pastorado, falando às pessoas sobre Cristo e sua mensagem. Ora, venhamos e convenhamos, eu era um cristão profissional no sentido literal da expressão! Seria capaz de dizer — com toda a fé nas minhas palavras — que estava comprometido com Deus "até o último fio de cabelo". Como poderia ser diferente?

Mas a verdade é que seriam só palavras.

Eu pregava maravilhosamente bem, mas sem viver o que pregava. Não estou dizendo que não era cristão. Apenas minha caminhada diária com Deus, para todos os efeitos, se tornara inexistente. *Por* Deus eu corria de um evento para outro, de uma reunião para outra e de uma oportunidade ministerial para outra. Só deixara de permitir ou fomentar o cultivo de um relacionamento *com* Deus. Ele passara a ser minha profissão em lugar da paixão pujante do meu coração. Seu amor continuava presente e encontrava correspondência da minha parte, mas agradá-lo não era mais meu maior propósito.

Na época eu diria a você que havia um alinhamento perfeito das minhas prioridades, como convinha, segundo o padrão clássico: Deus, família e *então* meu trabalho. Acontece que, para mim, isso daria um ótimo sermão, mais nada. A verdade é que minha vida estava alinhada na ordem contrária: trabalho, família e *então* Deus.

Que fique bem claro, ter um emprego ou estar sempre ocupado não é pecado. Todos somos obrigados a fazer malabarismo para conciliar nossas responsabilidades. Não estou dizendo que cada um de nós deveria passar vinte e quatro horas, todos os dias, sentado com a Bíblia na mão e ouvindo música de adoração. Não se trata de um chamado para deixar de viver a vida. Mas eu estava deixando a vida de lado em todo o meu viver.

Minha agenda nada mais era que um sintoma do problema imediato. Minha programação diária girava em torno do trabalho, mesmo quando ele não exigia tanta devoção. Em outras palavras, além de me recusar a dizer não, também me viciei em buscar mais coisas que me ajudassem a permanecer ocupado. Habituei-me — talvez como quem necessita de uma droga — ao compasso disso tudo, permitindo que tomasse o lugar de minhas reais prioridades. Passou a ser mais fácil viver ocupado, realizando a obra de Deus, do que cuidar do meu verdadeiro relacionamento com ele.

Fazia a obra de Deus, mas não conhecia bem de fato Aquele para quem estava trabalhando. Você já viveu algo parecido?

Agora você entende por que minha confissão no assoalho do carro foi um divisor de águas. Enfim eu enfrentava a vida que vinha levando sob o disfarce do ministério. Mas ainda corria o grande perigo de falar as coisas certas sem jamais permitir que realmente me transformassem. Como fazer para viver de modo condizente com o que pregava? Como não proclamar apenas meu total engajamento na relação com Cristo, mas perseguir de verdade a concretização do que afirmava?

Até eu sabia que, se minha confissão no assoalho do carro não fosse acompanhada de ações concretas, haveria sérias consequências, entre as quais a menor não seria a destruição do meu casamento.

Sei que soa meio estranho, mas alguma coisa dentro de mim, em nível de "fé", foi transformada. Não fui embora dali decidido a me esforçar mais; tornei a me apaixonar de verdade por Jesus. Tendo constatado quanto vagara para longe dele, senti um desejo intenso de estar próximo dele, de voltar a me comprometer com ele e de sacrificar meus desejos egoístas a fim de agradá-lo. Meu relacionamento com Deus de repente perdeu um pouco da imaturidade — o foco distorcido nos detalhes e responsabilidades diários, voltados para minha carreira profissional.

De certa forma, acho que se poderia dizer que comecei a namorar Deus outra vez. Quando você marca um encontro com alguém, passa tempo junto da pessoa de modo que ambos têm a oportunidade de se conhecerem melhor. A verdade é que não me sentava para ficar a sós com Jesus havia meses por não arranjar tempo para isso. De novo, não era uma questão de salvação, mas de intimidade. Como no meu casamento, eu ainda mantinha uma relação com Jesus, só não me fazia muito presente. Estava sempre a milhões de quilômetros de distância, envolvido em meu mundinho onde tudo girava ao meu redor — e creia-me, nenhum ser humano aguenta ser o centro do sistema solar.

Pela primeira vez em muito tempo, desejei orbitar a realidade divina. Deus se tornou o centro real da busca de realização da minha vida.

Um programa de treinamento

Em vários sentidos, os acontecimentos daquela noite serviram de espelho que me permitiu enxergar minha real condição.

Você se identifica com isso? Já evitou se olhar de fato no espelho querendo só continuar devorando o que quer que seu coração desejasse, se entupindo de Netflix ou navegando pela internet?

Eu já.

Anos atrás, olhei-me no espelho e deparei com um daqueles momentos em que a gente se pergunta "O que é isso?". Passara de atleta estudantil para mole e flácido. Oh, como doeu me ver naquele estado. Mas, quando aconteceu, na mesma hora resolvi que precisava tomar uma atitude radical. Para isso comprei os DVDs de um programa de exercícios chamado P90X, de Power 90 Extreme. Ele propõe uma quantidade insana de flexões e levantamentos na barra fixa. No primeiro dia, só consegui me erguer uma vez na barra. Uma! Ao passo que meu filho, cursando o ensino médio e jogador de futebol, completou 35 levantamentos com a maior facilidade, sem suar. Inclusive alguns foram só com um braço! Imagine a vergonha que eu passei.

Desnecessário dizer que ainda por cima me senti um fracasso completo. *Será possível mesmo que só vou conseguir me erguer uma vez na barra fixa? Só pode ser brincadeira!* Resolvi usar a exibição de superioridade do meu filho como motivação. Assumi o compromisso de cumprir o programa P90X todos os dias pelos 90 dias seguintes para ver que tipo de resultados alcançaria.

Um mês depois já estava fazendo 20 barras! Sinceramente, mal pude acreditar no meu progresso. Nem eu, nem Ann, que começou a correr atrás de mim pela casa para dar uma olhada mais de perto no meu corpo! Está bem, está bem, pode ser que essa última parte não passe de invenção minha.

Mas como consegui esse corpo novo? Muito simples, na verdade. Primeiro, acreditando de maneira diferente, depois permitindo que essa crença me levasse ao tipo certo de treinamento físico — todos os dias.

Na caminhada com Deus, não é muito diferente. Só esforçar-se mais para ser como Jesus não funciona. Eu nem saberia dizer o número de vezes que, sentado no banco da igreja, fui inspirado por uma nova verdade e na hora resolvi me tornar um novo homem — um marido, pai e líder melhor. Saía então correndo e me esforçava mais tentando atingir esse objetivo. Só que nunca deu certo. Na caminhada com Deus, não há como "esforçar-se mais". Muitos na igreja passam a vida inteira se esforçando, no vigor dos próprios braços, para se tornarem mais como Jesus. Não funciona!

O *treinamento inteligente*, contudo, funciona — a começar do correto entendimento da graça e da obra de Deus em nossa vida. Ele opera em nós, razão pela qual podemos ser livres para "pôr em ação" nosso treino espiritual. Como o apóstolo Paulo escreve aos filipenses: "Assim, meus amados, como sempre vocês obedeceram, não apenas na minha presença, porém muito mais agora na minha ausência, *ponham em ação a salvação de vocês* com temor e tremor, pois é Deus quem *efetua em vocês* tanto o querer quanto o realizar, de acordo com a boa vontade dele" (Filipenses 2.12,13). Como você vê, Paulo nos lembra de agirmos, mas tendo em mente que, ao fazê-lo, Deus realiza ao mesmo tempo algo superior. Que excelente notícia! Se você não conseguir se levantar na barra fixa, ele pode fazê-lo em seu lugar!

Sabemos que o treinamento físico envolve exercícios para desenvolvermos força, flexibilidade e condicionamento aeróbico. Mas como nos "pomos em ação" espiritualmente? Simples. O treinamento espiritual envolve as disciplinas clássicas da vida cristã: oração, estudo da Bíblia, meditação, jejum, adoração, atos de serviço, dízimo e assim por diante. Cada uma dessas práticas exercita os músculos da nossa fé, fortalecendo-nos, impulsionando-nos a ser mais flexíveis e dando-nos maior resistência.

Sim, temos trabalho a fazer, mas não caia na armadilha de pensar que tudo depende de nós. Essa não é a perspectiva vertical.

As disciplinas espirituais que mencionei nos ajudam a assumir a atitude apropriada diante de Deus a fim de que ele possa nos transformar. E, como em minha experiência com o programa P90X, a transformação exige tempo... e trabalho. Aqui estão algumas ideias adicionais sobre treinamento espiritual.

O 1º dia costuma ser constrangedor

Sempre que você começa a malhar depois de um período longo de inatividade, costuma ser difícil e constrangedor. No começo, não há muito que você consiga fazer na academia — talvez nem uma barra fixa — porque está fora de forma.

E daí?

Não existe outro ponto de partida senão aquele em que se está. Portanto, comece onde está, não onde pensa que está ou gostaria de estar. Comece a se mexer e acabará fazendo progressos. Mas precisa se dispor a começar, ou nunca será capaz de dar continuidade a seu treinamento.

Quando participei do meu primeiro estudo bíblico na faculdade, não sabia a diferença entre Antigo e Novo Testamentos. Na verdade, achava que uma parte era para pessoas mais velhas e a outra para nós, a rapaziada. Quando o líder nos pediu para abrir em determinado livro da Bíblia, eu não fazia ideia de como chegar lá. Recorri então ao índice e procurei o número da página. As outras pessoas já estavam na minha frente, e a sensação foi bastante constrangedora.

Mas adivinhe! Não recuei. Insisti em treinar, e agora sou o maior estudioso da Bíblia que tem no mundo! (Só para me certificar de que você continua prestando atenção.)

O 2º dia tem tudo a ver com "querer"

Nesse dia, a principal questão a responder é: "Até que ponto você quer fazer isso?". Seu corpo acordará dolorido do esforço do primeiro dia. O entusiasmo desaparecerá, e será difícil retomar o treino.

O que você faz então?

Levanta da cama e volta para a academia. Não há diferença nenhuma na sua caminhada espiritual. Abra a Bíblia e comece a ler, mesmo que na verdade não "sinta" nada. O sentimento não é pré-requisito para Deus aparecer e se revelar a você de um jeito novo. Ao ver vezes e mais vezes quem ele é, você tornará a se apaixonar de uma maneira que transcende as simples emoções, sentimentos, impressões ou expectativas. A decisão de seguir em frente o ajudará a romper o ciclo da expectativa emocional doentia e o levará para a confiança sadia de que Deus está sempre presente, acessível e ativo em sua vida, não importa como você se sinta.

O caminho para a piedade inclui a disposição para *treinar diariamente*, em especial quando não temos vontade. A excelência não nos sobrevém de forma simples; apoderam-se dela os que de fato a desejam com tudo que têm. Se nos exercitarmos dia após dia para nos tornarmos um homem ou mulher de Deus, ele virá ao nosso encontro onde estivermos e nos conduzirá ao propósito que jamais atingiríamos por nós mesmos.

Paulo escreve à igreja coríntia acerca do forte compromisso e desejo dos atletas da época. Esses atletas pagariam qualquer preço para ganhar uma medalha nos jogos olímpicos. O apóstolo então compara o compromisso de ganhar algo sem nenhum valor eterno com nosso compromisso com Jesus, de valor eterno imenso:

> Vocês não sabem que, de todos os que correm no estádio, apenas um ganha o prêmio? Corram de tal modo que alcancem o prêmio. Todos os que competem nos jogos se submetem a um treinamento rigoroso, para obter uma coroa que logo perece; mas nós o fazemos para ganhar uma coroa que dura para sempre. Sendo assim, não corro como quem corre sem alvo e não luto como quem esmurra o ar. Mas esmurro o meu corpo e faço dele meu escravo, para que, depois de ter pregado aos outros, eu mesmo não venha a ser reprovado (1Coríntios 9.24-27).

A questão não tem a ver com sua força no momento presente, mas com até que ponto você quer conhecer melhor Jesus e vê-lo transformar sua vida o tempo todo. Se quiser um ótimo casamento, ele começa bem aqui, bem agora, com *você*. Tire os olhos do seu cônjuge e do que ele ou ela faz ou deixa de fazer. Volte os olhos para você mesmo. Você pode começar a transformar seu casamento — a partir deste instante — retornando às disciplinas diárias para se tornar quem Deus o criou para ser.

Não fique perambulando a esmo; corra para vencer — hoje!

O 3º dia tem a ver com "como"

Décadas atrás, ouvi Rick Warren, hoje autor e pastor famoso, falar sobre a melhor maneira de crescermos espiritualmente. Ele descreveu o problema de um jeito que jamais me esquecerei e que se aplica com igual propriedade aos nossos casamentos, como acontece com nossa caminhada verticalizada com Deus.

Se você e eu quisermos andar com Jesus e nos apaixonarmos mais pelo cônjuge, precisamos treinar diária, semanal e anualmente. Adaptei o conceito para conseguir me lembrar dele da seguinte forma:

- Desvio diário (DD)
- Sumiço semanal (SS)
- Abandono anual (AA)

Aqui estão algumas sugestões de como fazer isso.

Desvio diário

Para crescer em meu relacionamento com Jesus, preciso treinar todo dia. Ao menos uma vez no dia, tenho de "desviar" da rotina ordinária e abrir espaço para algum tempo a sós com Jesus. Há quase quarenta anos, criei o hábito de passar algum tempo com a Palavra de Deus a cada dia. Acompanho um programa de leitura e estudo da Bíblia que ajuda a aprofundar minha caminhada com Deus. Também me esforço para orar diariamente.

Ninguém alcançará a perfeição nessas disciplinas em termos de regularidade, mas esse desvio diário é um tempo que procuro inserir como prioritário em minha agenda. Se quero ser o homem, marido e pai que Deus me chama para ser, preciso me "desviar diariamente" para conceder ao Senhor o tempo e o espaço para cultivar essas coisas em mim.

Nada disso acontecerá "por acaso". Você não ostenta uma barriga "tanquinho" sem malhar todos os dias. O mesmo vale no caso do nosso relacionamento com Deus. Posso falar quanto quiser sobre entrar em forma, mas não haverá resultados consideráveis enquanto não for à academia todos os dias.

O mesmo vale para nossas caminhadas verticalizadas — e para nosso casamento. Os melhores casamentos também aplicam o "desvio diário". Nossa vida é uma loucura de tão ocupada, mas, se quisermos prosperidade no casamento, temos de "treinar" diariamente. Nesse aspecto, Ann e eu desenvolvemos um hábito desde o início da vida de casados: tentamos passar ao menos quinze minutos por dia conversando um com o outro. Para nós, isso significa não ligar a TV até termos passado algum tempo trocando informações sobre nossa relação.

Fazemos isso todo dia sem falta? Não. Mas transformamos o hábito em prioridade máxima e o implementamos a maior parte das vezes. Claro, com os filhos pequenos era difícil, já que costumávamos ter a impressão de que mal dávamos conta de sobreviver. Ainda assim, de alguma forma, conseguíamos encontrar tempo na maioria dos dias. E creia-me, valeu a pena.

Sumiço semanal

Passamos agora ao ritmo semanal. Se quisermos crescer espiritualmente, Deus ordena que façamos uma pausa no mínimo uma vez por semana para nos desligarmos de tudo e apenas descansar no relacionamento vertical que mantemos com ele, confiando que tudo que há neste mundo está sob o controle dele. A prática recebe o nome de sábado e, acredite você ou não, é tão importante para Deus que chegou a figurar em sua lista dos dez itens de maior importância!

Deus incluiu o descanso e a descontração na lista como uma das coisas mais importantes que podemos fazer se quisermos ter uma vida sadia, estável. Afastarmo-nos do ritmo frenético um dia por semana é fundamental para nossa saúde espiritual e física também. Como pastor, é fácil pregar e difícil viver isso. No entanto, quando violo o princípio do sábado, meu relacionamento vertical com Deus sofre — bem como minha saúde física e emocional.

Aprendi a incorporar o dia de descanso à agenda. Sem ele, acabo implodindo e me tornando de difícil convivência — parece que Deus sabia do que estava falando. Resumindo, fomos criados para tirar um dia de descanso toda semana.

Faça o teste. Tire um dia de folga esta semana e veja como se sente melhor. Esse, meu amigo, é um presente do seu Criador.

Mas o princípio do "sumiço semanal" se aplica ao casamento também. Ann e eu ouvimos dos nossos primeiros conselheiros matrimoniais que os melhores casamentos são aqueles em que os dois envolvidos marcam encontros semanais. Éramos tão jovens e ingênuos que acreditamos neles, decidindo incluir uma noite por semana em nossa agenda para namorarmos. O resultado é que namoramos um com o outro semanalmente já há quarenta anos.

Falhamos uma ou outra semana? Sim, mas não foram muitas. Sabemos como é crucial esse tempo para nosso casamento. Quando os meninos eram pequenos, tomei para mim (em vez de deixar nas mãos de Ann) a responsabilidade de garantir a presença da babá e de planejar o encontro. Ann se sentia esgotada a maior parte do tempo, tendo sido mãe tão jovem. Por isso, achei que cabia a mim tirá-la de casa para nosso encontro marcado. Ela merecia. Muitas vezes resistia à ideia de deixar as crianças, mas, assim que saíamos, sempre se sentia grata por ter aquele tempo só para nós dois.

Também aprendi uma ou duas lições sobre os encontros marcados. Para mim, o encontro perfeito é bastante simples — um lanche rápido em algum restaurante pouco dispendioso (i.e., barato), um filminho de ação e depois ir para algum lugar fazer amor... *Qualquer lugar!*

Para Ann, nem tanto. Ela quer se acomodar à mesa de um restaurante legal e "falar". Em seguida, "falar" mais um pouco sobre nosso relacionamento. Talvez ver um filme água com açúcar depois e então "falar" um pouco mais a respeito da atitude maravilhosa que o mocinho do filme teve com a mocinha. Em seguida voltar para casa e "falar" ainda enquanto lhe massageio as costas — por uma hora!

É brincadeira quase tudo que eu disse sobre o encontro perfeito para Ann. A verdade é que, quando "nos exercitamos" toda semana no relacionamento, o resultado afeta profundamente nosso casamento. Se você ainda não fez do "sumiço semanal" uma parte da sua vida espiritual e do seu casamento, comece esta semana.

Estou falando sério. Pegue a agenda e anote — agora.

Fuga anual

A última parte do treino para um relacionamento vertical mais profundo com Deus consiste em fugir ao menos uma vez por ano para um retiro espiritual. Recorra a um refúgio para homens ou para mulheres, ou apenas passe algum tempo fora, "na vertical". A prática fará maravilhas no sentido de renovar a perspectiva que você tem do seu relacionamento com Deus. Toda vez que fujo da loucura da minha vida e agendo um período para me concentrar com exclusividade na caminhada com Deus, coisas boas acontecem. Volto para casa um homem, um marido, um pai e um líder melhor.

O mesmo vale no caso do seu casamento. Pelo menos uma vez por ano, tirem férias só vocês dois. Não levem as crianças nem outro casal. Só vocês. Relaxem. Brinquem. Riam. Dancem. Façam amor em algum lugar que não sua cama — isso opera maravilhas em prol do casamento.

Outra grande ideia para um estímulo relacional é procurar um retiro para casais. Vocês crescerão verticalmente com Deus e horizontalmente como cônjuges. Ann e eu falamos em lugares assim por todo o país e sempre ficamos impressionados com o número de casais que afirmam ser a primeira vez em décadas que viajam juntos. Para o casamento prosperar, vocês precisam lhe conceder um tempo longo de tudo.

Lembro-me da ocasião em que Ann e eu descansávamos em espreguiçadeiras em uma praia do México. Também me lembro que não queria gastar dinheiro com aquela viagem (uma revelação chocante, eu sei). Sentados naquele lugar, relaxando e desfrutando do pôr do sol incrível que Deus nos dava, ela segurou minha mão e disse apenas:

— Casar-me com você foi a maior decisão da minha vida.

Aquele momento ainda está vivo em minha memória. Jamais o esquecerei. E creia-me, essas palavras provavelmente não seriam pronunciadas por Ann com tanta facilidade, a menos que estivéssemos sentados um ao lado do outro na praia, bem descansados e capazes de desfrutar um do outro em um cenário de que a pressa não fazia a menor parte.

Talvez esteja na hora de ligar para o agente de viagens.

Parte Dois

Conflito e Comunicação

Capítulo 5
"Volte e brigue como um homem!"

Como a maioria dos casais jovens no dia do casamento, éramos dois apaixonados sonhadores sem uma única preocupação na vida. Eufóricos para começarmos a vida em comum, não tínhamos a menor dúvida de que o futuro nos reservava o êxtase matrimonial, repleto de dias lindos e felizes. Afinal, amávamos Jesus e confiávamos que Deus nos unira como marido e mulher.

O que poderia dar errado?

Por difícil que seja admiti-lo, a verdade é que a cerimônia do nosso casamento marcou o primeiro dia do pior ano das nossas vidas. Parecíamos dois caminhões em uma rodovia cujos motoristas dirigiam às cegas um em sentido contrário do outro e sem farol — prestes a sofrer uma colisão traumática na velocidade sempre perigosa da vida. Sem cinto de segurança. Sem *airbags*.

E sem desconfiar do que estava para nos atingir.

'Apesar de ser difícil resumir todas as nossas pendências em uma só, parece evidente que nosso problema mais urgente era o fato de mal nos conhecermos. Quer dizer, talvez mais urgente ainda fosse a questão de mal conhecermos cada qual *a si mesmo*. Como esperar que se conheça outra pessoa em um ambiente invasivo e de intimidade quando não se descobriu plenamente o próprio valor e identidade? Nosso cruzeiro idílico levava consigo uma carga clandestina de barris de pólvora escondida sob o convés principal, só esperando uma faísca para explodir.

Desnecessário dizer que nos descobrimos em constante conflito, o que em geral levava a discussões e gritos um com o outro. Até então, ninguém nos preparara para os inevitáveis conflitos que ocorrem em qualquer relacionamento íntimo, muito menos no mais íntimo de todos. Achávamos estranho nos hostilizarmos tanto, o que aumentava a probabilidade de nos estranharmos.

Mas com você não precisa ser assim. Ter as expectativas e ferramentas apropriadas para solucionar conflitos no casamento pode desarmar as bombas debaixo do seu convés. Por isso estes capítulos sobre comunicação e solução de conflitos são essenciais para a saúde e para o futuro da sua relação. John Gottman, uma das maiores autoridades quando o assunto é casamento, descobriu que um dos principais indicadores da durabilidade da relação é como o casal lida com os conflitos.[1]

Se continuássemos com a vida de casados como foi no primeiro ano, jamais completaríamos 38 anos juntos. Convidamos você a ler com atenção e se aplicar a este estudo enquanto compartilhamos algumas verdades que nos transformaram e, esperamos, fará o mesmo por seu casamento.

Quatro padrões de solução de conflitos

Uma das primeiras lições que aprendemos (do jeito mais difícil) sobre a solução de conflitos é que todos nós a abordamos

[1] Veja Carrère, Sybil; Gottman, John Mordechai. Predicting Divorce among Newlyweds from the First Three Minutes of a Marital Conflict Discussion, **Family Process** 38, nº 3, September 1999, p. 293-301. Disponível em: <http://joe.ramfeezled.com/wp-content/docs/Carrere-Gottman1999-Predict-divorce-in-3-mins.pdf>. Acesso em: 8 abr. 2019, 09:41:19.

de acordo com diferentes padrões e estilos. Costumamos imitar o que vimos em casa quando crianças. Também acontece de operarmos com base em crenças acalentadas em nosso subconsciente relacionadas com a matéria. Existem quatro padrões básicos de solução de conflitos em que todos nos enquadramos.

VENCER. Em geral, quem vence é bom em lidar com conflitos. Na verdade, ele gosta de conflitos e é habilidoso para vencer discussões. Apresenta relatos e provas completos de testemunhas oculares, incluindo imagens coloridas, atestando sua razão. Estou exagerando, mas não muito.

CEDER. Quem cede "abre mão" para trazer harmonia ao relacionamento. Acredita ser mais importante o casamento que um conflito único, isolado, por isso cede para trazer de volta a paz.

RECUAR. Quem recua odeia conflitos. Faz o que for preciso para se manter longe deles. Se puder sair da sala, considera que o problema já ficou no passado. Mas, se não for possível fazer isso, fecha-se emocionalmente. É muito difícil conseguir até mesmo que se envolva no conflito.

SOLUCIONAR. Quem soluciona conflitos é capaz de qualquer coisa para encontrar uma saída. Não suporta viver sem ter os conflitos resolvidos. Mesmo que isso requeira muito trabalho, arregaça as mangas e soluciona o problema da melhor maneira possível.

Você consegue adivinhar que padrões introduzimos em nosso casamento? Ann era a que vencia sempre. Foi criada em um lar onde os conflitos eram tratados com regularidade e rapidez. Seus pais e irmãos simplesmente "expunham" os problemas e os tratavam à medida que apareciam. Ela gosta de uma boa briga.

Dave, por outro lado, cresceu em um lar em que os conflitos atingiam patamares ruidosos e bastante desagradáveis. Em geral, havia álcool envolvido, e as brigas acabavam em divórcio. Isso o levou a acreditar que todo conflito é ruim e deve ser evitado a todo custo.

De modo que adentramos o casamento sem ter a mínima ideia de que a partir de então se exigiria de *quem vence* e de *quem recua* a solução conjunta dos conflitos de uma maneira sadia, que honrasse a Deus. Boa sorte para nós na empreitada!

Sob pressão

Jovens recém-casados ainda, mudamo-nos para a casa dos pais de Ann em Findlay, Ohio, para passar os primeiros meses do casamento. Morar com os sogros? *Isso* que é pressão! Na época, também levantávamos nosso suporte financeiro para nos juntarmos ao ministério dos Atletas em Ação. Mais pressão ainda.

Tudo isso parecia ser demais para nós. Lembramo-nos como se fosse ontem de um dia quente de verão memorável em que os pais de Ann saíram por algum motivo. O que deveria ter se transformado em "um tempo maravilhoso a sós para os recém-casados" resvalou para outra coisa completamente diferente. O conflito começou, como acontecia com a maior parte deles, por causa de uma conversa que adquiriu proporções de discussão.

Quando a situação atingiu o ponto de fervura, Dave deu a cartada clássica de alguém habituado a recuar — levantou-se e saiu da sala. Mas Ann ainda não terminara, razão pela qual o seguiu e gritou:

— Ei, o que você está fazendo? Volte e brigue feito homem!

Feito homem?

Oh, não, ela não disse isso.

Em termos de hombridade, Dave se considerava o mais viril dos homens. Afinal, fora *quarterback* nos times de futebol americano do ensino médio e da faculdade, figurando inclusive como "o cara" no *Hall* da Fama da escola e da faculdade. Mesmo assim, Ann tinha a audácia de questionar sua masculinidade! O problema era que, por viril que fosse, nunca solucionara um único conflito a vida inteira. Seus músculos físicos impunham respeito, mas os emocionais davam dó.

Em virtude disso, ele fez o que qualquer missionário cristão nascido de novo e crente na Bíblia teria feito. Virou-se, continuou se afastando dela e sem mais nem menos exclamou:

— Vai *bip* no *bip*!

Só que o que se ouviu não foi *bip* nenhum — não era de surpreender que Dave agisse da mesma maneira que vira o pai agir diante de um conflito.

Às suas costas, ouviu Ann retrucar furiosa:

— Ah, é assim? Pois então *bip*-se o seu "vai *bip* no *bip*"!

Uau! Dave girou nos calcanhares, absolutamente chocado ao descobrir que sua noiva inocente e angelical era capaz de dobrar o xingamento. Só nos resta imaginar a reação dos vizinhos, uma vez que as janelas estavam escancaradas. "Ah, é só aquele simpático casal de missionários trocando algumas ideias."

Mas de novo Dave preferiu se voltar e subir a escada pisando duro para fugir daquela coisa horrível chamada conflito matrimonial, que Ann, por sua vez, parecia determinada a prolongar. Seguindo-o degraus acima, disse:

— Dave, precisamos conversar. Temos de resolver essa questão.

Como sua família sempre encarava os conflitos, ela estava agindo com o marido como sempre fizera. Na família de Ann, as pessoas calçam as luvas de boxe e caem matando em cima do problema até o nevoeiro se dissipar e tudo voltar a ficar bem. Ela não conseguia entender por que Dave se fazia de desentendido em vez de lutar. Era quase como se a reticência dele em continuar dizendo coisas horríveis durante a briga fosse pior que de fato dizer coisas horríveis durante a briga.

Encurralado, ele gaguejou:

— O que você está fazendo? Deixe-me em paz! — Sentia-se incomodado ao extremo, uma vez que solucionar conflitos não era algo que já vira alguém fazer na vida. Os Wilsons não enfrentavam os problemas; enterravam-nos e deixavam para enfrentá-los outro dia... Que nunca chegava.

Dave se tornara muito bom em fugir de conflitos. Se começavam a surgir discussões com uma namorada, simplesmente a deixava como quem abandona um mau hábito. Por que lidar com o problema, fossem quais fossem as recompensas?

Acontece que essa versão da vida — a versão adulta — não parecia ser tão simples com Ann.

Assim, os conflitos não resolvidos se tornaram lugares-comuns em nosso jovem casamento, para desgosto de Ann. Acabamos reunindo todo o suporte financeiro de que necessitávamos e nos mudamos para Lincoln, Nebraska. Mesmo assim, aquele primeiro ano continuou infernal atrás das portas fechadas. Dave assumiu o cargo de capelão do time de futebol americano Nebraska Cornhuskers, mas isso não ajudou em nossos problemas. Na verdade, durante a viagem para Lincoln, outra discussão começou. Digamos apenas que a viagem foi péssima, a ponto de Ann enfim desabafar:

— Casar-me com você foi o maior erro da minha vida! — Precisamos parar o carro e descer para conseguir esfriar a cabeça.

Os meses passaram voando sem que parássemos de brigar. Dave ainda não era muito bom em solução de conflitos, mas ao menos o ministério lhe ensinou que, segundo a Bíblia, não devemos ir para a cama com raiva. Discutíamos então tarde da noite, mesmo sabendo que não era bem isso o que Deus tinha em mente quando inspirou a redação desse versículo. Nada disso! Por fora, tudo parecia perfeito; por dentro, no entanto, afundávamos depressa, sem esperança alguma no horizonte.

Foi quando aconteceu a história do "Eu preferia estar morto a casado com você", às 2 da manhã, já compartilhada aqui.

Tirando as vendas

Essa conversa foi um dos pontos mais baixos do nosso casamento. Não entendíamos o que acontecera. Em poucos meses, passáramos da troca de olhares apaixonados para o olhar cheio de raiva e repulsa dirigido um ao outro. Tentávamos imaginar — nem sempre guardando a dúvida só para nós mesmos — se nos casáramos com a pessoa errada.

Talvez não aconteça tão depressa com todo casal, mas, em algum momento depois de iniciada a convivência matrimonial, as vendas são afastadas de seus olhos e você começa a perceber que a pessoa com quem se casou não só tem alguns defeitos, como, na verdade, é cheia de imperfeições. Isso já seria difícil o bastante de engolir, mas em geral há outro detalhe que duplica o problema só experimentado pelo casal: seu cônjuge enfrenta idêntica constatação a seu respeito ao mesmo tempo que você. Dupla maldição. Isso pode se dar em proporção diferente da que atingiram as nossas discussões, mas sempre acontece — contudo, a maioria dos casais se surpreende quando as vendas são tiradas. Ninguém os preparou para a dificuldade para o trabalho e para a beleza inesperada que podem resultar do conflito matrimonial.

Esse é o motivo pelo qual temos ouvido centenas de casais nos contarem que acreditam ter se casado com a pessoa errada — em algum momento, acontece com todos nós.

No livro *O significado do casamento*, Timothy Keller explica bem isso: "Cansei dos discursos piegas sobre a vida de casados. Nas cerimônias de casamento, na igreja e na escola dominical, muito do que ouço sobre o assunto tem a profundidade de um cartão de felicitações, desses pré-impressos que se compra em papelaria. O casamento pode ser muita coisa, *menos* piegas. É glorioso, mas difícil. Uma alegria e uma força abrasadoras, mas também sangue, suor e lágrimas. Derrotas humilhantes e vitórias exaustivas. Não conheço nenhum com mais que poucas semanas capaz de ser descrito como um conto de fadas que se tornou realidade".[2]

[2] KELLER, Timothy. **O significado do casamento.** São Paulo: Vida Nova, 2012.

O fato é que todo casal tem conflitos — talvez muitos deles. Com certeza isso vale para nós. Somos pessoas cabeças-duras, voluntariosas, egoístas. Há situações em que um dos cônjuges tem traços fortes de personalidade, enquanto o outro tende a ser mais dócil e passivo. Nesse caso, pode demorar para que o pavio se queime e atinja o barril de pólvora, pois estabeleceu-se o padrão em que um cônjuge domina sobre o outro em momentos de conflito. Mas quem é dominado tornou-se conivente na história toda porque essa é a configuração padrão que adotaram em se tratando de conflitos. Todavia, não se engane: mesmo em situações como essas, a falta de limites saudáveis acordada por ambos os cônjuges acabará fazendo que o pavio alcance a pólvora, ainda que demore anos. E então...

Bum!

Em nosso casamento, aprendemos do jeito mais difícil que *a maneira de lidarmos com o conflito determinará a saúde e o futuro da nossa relação.*

Só por intervenção de um Deus gracioso não desistimos do casamento naquele terrível primeiro ano. Iniciamos a vida de casados lamentavelmente despreparados, mas aos poucos aprendemos a lidar com as emoções, a nos confrontarmos de modo mais amoroso e construtivo, a perdoar e, sobretudo, a confiar em Deus — inclusive nos momentos horrendos em que não havia "*bips*" que bastassem. Se não permitíssemos a Deus nos falar pelas Escrituras e por intermédio do seu povo, não saberíamos onde estaríamos hoje.

Conflitos são normais... e constantes

Gostaríamos de poder dizer que nosso relacionamento está livre de conflitos desde o primeiro ano atribulado. Afinal, colaboramos na liderança de uma igreja aqui em Michigan, Dave serve atuando como capelão do Detroit Lions e damos palestras no país inteiro sobre a edificação de um casamento duradouro. Não deveríamos ter o casamento perfeito a esta altura?

Talvez essa não seja uma pergunta muito boa de se propor, mas, se o fizéssemos, a resposta com certeza seria um redondo não. Mesmo tendo amadurecido juntos, nunca superamos o fato de sermos dois indivíduos passionais — e por que haveríamos de querer superar uma coisa dessa? Nossa paixão corresponde a uma porção enorme de quem somos como indivíduos.

Perpetrar uma lobotomia na personalidade de alguém a fim de evitar os conflitos que surgem dessa personalidade também elimina suas porções que a capacitam a experimentar tudo de bom para o que ela foi criada com exclusividade. Portanto, sim, somos ambos passionais, significando que bateremos de frente muitas vezes. Sim, depois de mais de três décadas de casamento, ainda nos envolvemos em discussões.

Mas a verdade acerca do casamento é: de fato ele é glorioso, e de fato, difícil. Você ama seu cônjuge, só que às vezes não o consegue suportar. E essa realidade aparentemente nada romântica não deveria ser escondida debaixo do convés junto da pólvora — só esperando para ser incendiada e mandar o casamento para as profundezas. Conversar sobre o assunto é coisa que deveria ser feita desde o primeiro dia. Por outro lado, muitos casais pensam que, se estão experimentando conflitos, tem alguma coisa errada em seu casamento.

Na verdade, *é normal ter conflitos* — e, quando começamos a aprender como resolvê-los juntos, aproximamo-nos mais um do outro, isso sim, e ficamos mais íntimos em nosso casamento. Deus pode até usar os conflitos para fazer-nos um.

Quando você conversa com casais que estão juntos há quarenta, cinquenta ou mais anos, começa a perceber discursos comuns. Eles contam que passam por dificuldades como qualquer casal, mas que as superam. Não desistem. Continuando lidando com a questão rumo à paz um com o outro (v. Hb 12.14). O resultado é experimentarem a graça perfeita de Deus na vida, mesmo essa vida estando longe de ser perfeita.

Nos próximos capítulos, compartilharemos diversas estratégias comprovadas para solucionar conflitos no casamento. Deus as tem utilizado para nos ajudar a vencer nossas tempestades ao longo dos anos de modo que, mesmo quando vem o temporal, nunca nos precipitamos no abismo.

Não importa que conflitos você enfrentou, enfrenta ou enfrentará no casamento. Você descobrirá que a Palavra de Deus é útil e prática. No entanto, embora esteja repleta de esperança, nem sempre é fácil aplicá-la. Oramos para que estes princípios para a solução de conflitos o ajudem a se desenvolver no relacionamento mais importante da sua vida.

Capítulo 6
Bem-vindo à selva

Num sábado, anos atrás, voamos até Illinois para ver um de nossos filhos participar de um jogo de futebol americano universitário. Enquanto eu (Dave) dirigia o carro alugado do aeroporto de Chicago até o estádio, olhei de relance para Ann, que tirava um cochilo. Pensei: *Que sorte eu tenho de ser casado com essa mulher*. Reparei nos traços belos e delicados de seu lindo rosto e recordei todos os bons momentos que compartilhamos ao longo dos anos. Naquele instante, enchi-me de amor por ela outra vez.

Portanto, depois desse momento emocionante de reflexão e gratidão, fazia todo sentido do mundo que lhe demonstrasse meus sentimentos. Como foi então que me comportei o resto do dia com minha amada esposa, o amor da minha vida?

Bom, em poucas palavras, fui um cretino.

Menosprezei-a por não ser a grande navegadora que se espera de quem ocupa o assento do passageiro, como todo mundo sabe. Fiz cara de pouco caso e com que se sentisse estúpida. De alguma forma, fiquei indiferente à maneira com que a estava tratando. Apesar do ocorrido, achei que o dia transcorrera muito bem — até voltarmos correndo para o aeroporto, depois do jogo. Ann se mantivera calada a maior parte do tempo, mas isso estava prestes a mudar.

— Eu preciso dizer uma coisa — bufou. — Estou cheia de ser tratada por você como se fosse a maior idiota do mundo! Como se não fosse capaz de fazer nada certo! Você foi um cretino comigo o dia inteiro!

— Como é que é? Está brincando? O único cretino neste carro é você!

Uma abordagem sempre muito boa para incrementar a unidade no casamento.

Como ela ousava dizer aquelas coisas para mim, ainda mais quando eu corria para chegarmos ao aeroporto a tempo!

— Do que você está falando? Escute aqui, dona Navegadora, será que pode apenas prestar atenção no GPS e me ajudar aqui?

Ah, que ironia — discorreríamos sobre casamento na igreja no dia seguinte.

Continuávamos ainda muito bravos e sem conversar de verdade quando embarcamos no avião. Um jovem casal ocupava as poltronas do outro lado do corredor, na nossa direção, cheios de cuidados um com o outro, como recém-casados. Vi Ann olhar de relance para eles com admiração e ansiando que nosso relacionamento fosse carinhoso daquele jeito. Olhei para eles e pensei: *É evidente que esses dois ainda não são casados*!

O problema do egoísmo

Se o conflito tivesse acontecido em nosso primeiro ano de casados, a briga teria se transformado em disputa para ver quem gritava mais alto. Ele permaneceria sem solução e guardaríamos a amargura bem lá no fundo.

Depois de mais de trinta anos de prática, no entanto, aprendêramos um bocado sobre como nos desarmar e resolver as discussões. Um dos nossos princípios mais importantes para chegar à solução dos problemas se encontra em Mateus 7.3-5:

"Por que você repara no cisco que está no olho do seu irmão e não se dá conta da viga que está em seu próprio olho? Como você pode dizer ao seu irmão: 'Deixe-me tirar o cisco do seu olho', quando há uma viga no seu? Hipócrita, tire primeiro a viga do seu olho, e então você verá claramente para tirar o cisco do olho do seu irmão".

Tradução? Em qualquer conflito, é necessário parar e procurar entender o que *você* fez para desencadear o problema.

No caso que estou narrando, com o tempo me acalmei e constatei que tratara Ann como lixo aquele dia. Estava atolado até os joelhos no egoísmo, que, por definição, costuma ser algo que a própria pessoa tem dificuldade para reconhecer. Como quando você nada no oceano e a corrente o leva centímetro a centímetro costa abaixo — em geral, a gente só percebe quão longe foi parar depois que sai da água. Na verdade, se o seu cônjuge estiver por perto, quero que você olhe para ele ou ela.

Agora você está olhando para a segunda pessoa mais egoísta do Planeta!

É quase impossível identificar o egoísmo no momento em que ele se manifesta pela primeira vez. Uma das melhores coisas da perspectiva vertical é o fato de ela introduzir à mistura Alguém especialista no impossível, que acena convidando-nos a segui-lo por lugares humanamente impossíveis. Um desses lugares é a vida que se vive acima e distante do egoísmo que existe em cada um de nós.

O apóstolo Paulo revela esse convite ao que parece impossível em sua carta aos Filipenses: "Nada façam por ambição egoísta ou por vaidade, mas humildemente considerem os outros superiores a vocês mesmos. Cada um cuide, não somente dos seus interesses, mas também dos interesses dos outros" (2.3,4).

Ao aplicarmos a passagem aos conflitos que vivenciamos com os outros, seu significado adquire contornos nada menos que profundos. Para a maioria das pessoas, conscientizar-se do próprio egoísmo no meio de um conflito é coisa que não tem como acontecer. Há raiva demais envolvida. Emoção demais. Que bom que, ao estabelecermos uma conexão vertical com Deus e inseri-lo em nossos relacionamentos, ele nos concede força e habilidade superiores à nossa humanidade horizontal. O egoísmo nunca pode ser vencido por nós mesmos. Pelo simples fato de não determos esse poder. Precisamos rogar a Jesus o poder de sua ressurreição — para ele, ressuscitar coisas mortas faz parte da rotina.

Creia-me, o egoísmo nos matará e ao nosso casamento, portanto é hora de pedir um pouco de poder divino de verdade.

No meio dos conflitos, comece a manter os ouvidos atentos ao sussurro interior que o lembra de retroceder e *se* examinar em vez de só ao seu cônjuge (mesmo que ele também tenha culpa). Trate então de lidar com seu egoísmo e sua vaidade. Em lugar de viver culpando seu cônjuge, humilhe-se e considere as necessidades dele mais importantes que as suas. Dispor-se a pôr em prática Filipenses 2.3,4 causará uma revolução no problema do egoísmo.

Você está em guerra

Sabemos o que passa por sua cabeça nesse instante: *Sim, sei que estou em guerra! Ela é o inimigo, e vou derrotá-lo!* Ou: *Ele se tornou meu inimigo, já nem me ama mais!* Conseguimos ouvi-lo. A sensação costuma ser de que o inimigo é o cônjuge, mas, na verdade, isso não poderia estar mais longe da verdade.

Há outra coisa acontecendo em seu casamento que você não é capaz de enxergar com os olhos físicos. Na verdade, Paulo toca no assunto na carta aos Efésios: "Pois a nossa luta não é contra seres humanos, mas contra os poderes e autoridades, contra os dominadores deste mundo de trevas, contra as forças espirituais do mal nas regiões celestiais" (6.12).

De novo, parece que gostamos de aplicar versículos como esse a tudo: vida, igreja ou situações de trabalho — *tudo*, menos relacionamentos ou casamento. Acontece que o versículo, e tantos outros iguais a ele, está repleto de teologia acerca dos relacionamentos. Deus afirma que sua guerra não é contra a esposa ou contra o marido. Contra a carne e contra o sangue. Contra outro ser humano. Nem contra você mesmo.

Muito bem, então é contra quem? Poderes, autoridades e dominadores deste mundo de trevas. Contra as forças espirituais do mal nas regiões celestiais. Contra um inimigo — governante e autoridade espiritual, ele pertence ao reino do espírito. Você não consegue vê-lo com os olhos físicos.

Deus criou o Universo. Também criou os anjos antes dos seres humanos. O primeiro anjo a se rebelar foi Satanás, que por causa do desejo de usurpar o lugar de Deus e assumir sua posição, foi expulso do céu junto com os que seguiam sua liderança. Jesus mesmo disse acerca de Satanás: "O ladrão vem apenas para roubar, matar e destruir; eu vim para que tenham vida e a tenham plenamente" (João 10.10).

Com esse versículo, em essência Jesus afirma: "Quero propiciar a vocês o maior relacionamento com que já sonharam. Tenho um plano incrível para seu casamento, sua relação. Mas o ladrão, Satanás, quer roubar e matar e destruir esse relacionamento".

Há uma guerra em curso, e seu casamento é a linha de frente. Mesmo assim, muitos de nós temos a tendência de pensar que bons casamentos e relacionamentos são vivenciados em uma sacada romântica distante, não em um campo de batalha espiritual.

Casei com a pessoa errada!

Se você é como nós, normalmente não acorda pela manhã sintonizado com a realidade de que seu casamento é um campo de batalha espiritual. Em vez disso, acorda pensando: *Será que ela me fará feliz hoje? Ele satisfará minhas necessidades?* E, quando o cônjuge não corresponde a essas expectativas, você pensa: *Talvez tenha me casado com a pessoa errada!*

Certa vez, fiz propaganda de uma série sobre casamento que seria apresentada em breve na minha igreja com a provocação:

— O sermão da semana terá como título "Agora que você se casou com a pessoa errada".

Um monte de gente me procurou e disse que mal podia esperar para ouvi-lo.

— Por quê? — eu quis saber.

Cada qual a seu modo, todos afirmaram que de fato tinham se casado com a pessoa errada.

Cada um de nós já se sentiu desse jeito em algum momento.

A verdade é que, de acordo com padrões puramente "horizontais" de ser humano, todo mundo se casa com a pessoa errada. Se esperar que um ser humano preencha o vazio do tamanho do Espírito que existe em sua vida, por mais generoso, compreensivo e entusiasmado sexualmente, ou por mais espiritual que ele seja, não tem como corresponder a suas expectativas relacionadas com tudo isso. Jamais.

Todavia, alguém errado pode tornar-se certo quando não se espera dele que faça pelo outro o que só Deus é capaz de fazer.

Essa percepção faz parte da consciência da guerra. Duvido muito que algum dos nossos soldados no Iraque ou Afeganistão acorde hoje na linha de frente pensando: *Será que serei feliz hoje? Quem trará o meu café? Com certeza espero que meu colega de batalhão satisfaça minhas necessidades atuais.*

Não estamos dizendo que a felicidade não é algo maravilhoso em que se pensar, mas esses rapazes acordam em um cenário de guerra. Põem o capacete na cabeça, carregam as armas e já querem saber: "Qual é nossa missão hoje? Onde está o inimigo? Qual é a estratégia dele? Avante!". Por quê? Por compreenderem que estão em guerra.

Se acordar todo dia sabendo que existe um inimigo real que o odeia e a possibilidade de você viver o casamento como Deus pretende — e que tem os olhos postos em você por querer destruir-lhe o casamento e o legado —, bom, então as coisas mudam de figura. A questão não tem mais a ver com meu desejo egoísta de ser feliz e pronto; tem a ver com o plano maior de Deus de se revelar ao mundo por meio de meu casamento.

Que epopeia.

Ouvimos essa verdade pela primeira vez duas semanas depois de nos casarmos. Comparecemos a uma conferência sobre casamento em que hoje temos o privilégio de falar — a Weekend to Remember, da FamilyLife. Ensinaram-nos sobre a existência de um inimigo da nossa relação que quer nos derrubar, pois deseja acabar com o plano de Deus para o casamento. Esse plano é a unidade, que redundará em glória para o Senhor.

Mas Satanás também tem um "plano" para o nosso casamento, e ele se resume em uma palavra: "divórcio".

Lutando contra o verdadeiro inimigo

A palavra "divórcio" e a luta genuína para evitar sua concretização são sérias o suficiente para que desejemos tratá-las novamente como casal. Com três meses de casados, fomos para Casper, Wyoming, visitar os tios de Ann. Os dois saíram para trabalhar, deixando-nos sozinhos na casa deles — o que deveria ter levado a consequências bastante boas. Em vez disso, envolvemo-nos em uma bela discussão.

Ela acabou se tornando muito acalorada, com montes de gritos e altercações. Por fim, Dave fez o que sempre costumava fazer. Saiu do quarto anunciando:

— Vou cair fora daqui. Não suporto sua companhia! Não quero ficar no mesmo cômodo que você!

Embora se sentisse furiosa, Ann se lembrou do que aprendêramos poucas semanas antes. Quando Dave saía do quarto, ela gritou:

— Por que estamos brigando um contra o outro quando deveríamos lutar contra o inimigo?

Dave já dera alguns passos no corredor quando ela disse isso e ficou muito bravo, mas de um modo diferente. Ficou bravo por saber que Ann tinha razão. Não queria admitir, mas virou-se e voltou para o quarto. Essa declaração única nos lembrou de que travávamos uma guerra, só não um contra o outro. Decidimos (na época, pelo menos) lutar contra o verdadeiro inimigo.

Esse drama se desenrola em todo casamento. Temos a tendência de nos esquecer da verdade mais importante. Machucamo-nos de tal forma que nossa predisposição natural é revidar machucando o outro, de modo que começamos a disparar contra nosso cônjuge por bobagens em vez de atacar as questões mais profundas. Acima de tudo, esquecemo-nos de quem é o real inimigo.

Se conseguir imaginar essa situação em uma espécie de reino espiritual cósmico, procure enxergar Satanás olhando para Dave e Ann do interior de uma trincheira no meio do campo de batalha. Ele vê quando nos voltamos um para o outro com armas cuspindo fogo. Sem dúvida, ele se limita a permanecer sentado, com um sorriso malicioso, dizendo:

— Essa está fácil. Não preciso fazer nada porque eles já estão disparando um contra o outro! Nem percebem que o verdadeiro inimigo deles está bem aqui!

Jesus explicou a seus seguidores que o fato de se amarem era a prova de que o seguiam (v. João 13.35). Satanás sem dúvida também ouviu a mesma mensagem, de modo que sua tática é simples: "Destruirei esse tipo de coisa nos relacionamentos!". Se pensar que uma das primeiras coisas que Deus fez na Criação foi instituir o casamento, você verá por que existe um alvo especial pregado nas costas dos casados.

Você será ferido

Na guerra, as pessoas são feridas. No casamento e nos relacionamentos também. Pode não parecer grande novidade, mas a constatação desse fato é mesmo um dom. Já deveríamos esperar esse tipo de coisa em vez de nos surpreendermos quando acontece.

A Bíblia em inglês *The Amplified Bible* possibilita um vislumbre fascinante da maneira pela qual marido e esposa deveriam considerar um ao outro:

> Contudo, cada um de vocês, homens [sem exceção], deve amar a esposa como a si mesmo [adotando um comportamento digno de respeito e estima, sempre buscando o melhor para ela com uma atitude de amor e bondade], e a esposa [deve cuidar para] que respeite o marido e nele se deleite [que o note, prefira e trate com preocupação amorosa, valorizando-o, honrando-o e tendo por ele grande apreço].
>
> (Efésios 5.33, tradução livre).

Amor e bondade. Respeito. Deleite. Preferência. Valorização. Apreço. Uma parte de nós anseia por que nosso cônjuge ouça essas palavras das Escrituras a fim de que *ele* mude e comece a praticá-las. É muito fácil concentrar o foco no cônjuge e no que ele está deixando de fazer no casamento para nos satisfazer. Na essência, somos egoístas e acreditamos merecer ter as necessidades satisfeitas o tempo todo pelo parceiro ou parceira. Mas sabe de uma coisa? Seu cônjuge pensa a mesma coisa a seu respeito! E aqui está mais uma novidade: vocês dois ficarão decepcionados de alguma forma um com o outro. Ninguém é capaz de satisfazer por completo nossas necessidades. O minuto em que percebemos essa verdade é o mesmo em que enfim podemos voltar os olhos para o Único apto a satisfazer essas necessidades — e que o fará, se lhe dermos permissão.

Quando vamos a um retiro de casais ou lemos juntos um livro sobre casamento, começamos a pensar: *Agora ele me amará melhor*. Ou então: *Agora ela vai me respeitar*. Prepare-se para a possibilidade muito concreta de que nem ele, nem ela, façam nada disso. Sim, esperamos que tais experiências sejam úteis e que vocês entendam a relação e um ao outro melhor que antes. Mas, de novo, se pensa que *ele* ou *ela* enfim dará tudo de que você necessita, saiba com certeza que se machucará, se frustrará e ficará ressentido... Porque nem ele, nem ela, foram feitos para completar você. Mesmo que seu cônjuge dê o que tem de melhor, as expectativas que você acalenta precisam ser adequadamente refreadas. Pois só Deus pode completar você.

Capítulo 7
As formas da ira

Eu (Dave) nunca me esquecerei do dia em que Ann chegou para mim na cozinha e começou a me criticar por causa de alguma coisa em nossa relação. Àquela altura, estávamos casados havia mais ou menos cinco anos. Ela pretendia ser construtiva — ou seja, desejava me ajudar de verdade —, mas ainda não aprendera a fazer isso sem ferir meus sentimentos. Senti-me menosprezado, o que raras vezes resulta em algo bom, tanto nos homens, quanto nas mulheres.

A sensação foi como um estopim, e em questão de minutos eu explodia inteiro de raiva.

O que aconteceu em seguida continua claro em minha mente porque esse dia em particular representou um dos vários momentos decisivos em nosso relacionamento. Ann ficou muito decepcionada.

— Toda vez que toco em qualquer assunto, você surta — reclamou. — Esqueça. Por que perder meu tempo? Você estoura e ponto final.

Quando ela me deu as costas com a intenção de se afastar, gritei:

— Eu não faço nada disso! Nem sei do que você está falando.

Ann gesticulou na minha direção como se fosse uma promotora pública defendendo um caso perante o juiz.

— Aí está — prova de acusação A! Obrigada. Não tenho mais nada a declarar.

Inspecionando debaixo do capô

Todos ficamos com raiva de vez em quando — faz parte de sermos humanos. O problema está em nossa costumeira demora para identificar ou compreender a raiz da nossa irritação. Por isso, não sabemos lidar com ela quando acontece. Quando está indo para algum lugar de carro, se você percebe uma fumaça saindo do compartimento do motor, não pode continuar dirigindo simplesmente; precisa estacionar na mesma hora e inspecionar debaixo do capô para tentar identificar se o problema é de superaquecimento ou alguma coisa pior.

Toda discussão, como fumaça no motor do carro, em geral é sintoma de um problema mais profundo — nem sempre, não com frequência é o que acontece. Ainda mais, se determinado assunto ou argumentação provocar um "aquecimento" mais grave da discussão, a prudência manda "estacionar" e suspender o debate até que se olhe debaixo do capô para determinar qual é o problema de verdade. Portanto, quando a raiva entra em cena em um conflito — como quase sempre é o caso —, você precisa verificar sob o capô e perguntar: "*O que* está provocando essa raiva?".

Pela primeira vez na minha vida, o capô fora levantado, de modo que pude ver ao menos parte do real problema. Minhas palavras furiosas haviam quicado pela cozinha feito balas ricocheteando no concreto — e, apesar de Ann ser minha melhor amiga, o que eu dissera estava longe de ser fogo amigo. Fora maldade absoluta.

No fundo, sabia que ela tinha razão, apenas ainda não conseguia admiti-lo diante dela.

Mas essa discussão em especial de fato me levou a começar a inspecionar debaixo do capô com mais frequência, tentando determinar o que vinha se passando. Por que eu sentia raiva o tempo todo?

Dias depois, encontrei-me com os três homens que até hoje considero o meu grupo de prestação de contas. Uma vez por semana, reunimo-nos os quatro para conversar sobre a vida e tratar da essência do que significa ser marido, pai e irmão em um mundo caído. Os caras sabem tudo a meu respeito.

— De todas as emoções que vocês experimentam como homens — perguntei-lhes —, qual é a mais frequente?

Olharam para mim como se de repente eu usasse um vestido rosa e sapatos de salto alto.

— Emoções? Do que é que você está falando?

Sabiam muito bem, apenas gostavam de me ver em apuros.

— Ora, vocês sabem, emoções como alegria, felicidade, tristeza, raiva, frustração? Qual?

Em um piscar de olhos, responderam a uma só voz:

— Essa é fácil: raiva!

Contei-lhes então do incidente na cozinha dias antes e do meu padrão habitual de despejar toda a minha raiva em cima de Ann toda vez que entrávamos em algum conflito.

— Preciso descobrir de onde vem essa raiva — comentei. A conversa levantou o capô alguns centímetros mais porque, pela primeira vez, dispunha-me a convidar outras pessoas a também olharem ali embaixo.

A raiva como padrão predefinido

Comecei a estudar a raiva e aprendi que a psicanálise a chama de "segunda emoção". Significa dizer que em geral ela não é a primeira emoção por nós experimentada em uma situação estressante. A primeira pode ser a dor, a frustração, o medo ou outra qualquer — mas corremos para a raiva por nos sentirmos incomodados demais com a emoção inicial. Na discussão entre mim e Ann na cozinha, sentia-me machucado, mas eu não sabia como admiti-lo. Por isso me deixei retornar de imediato ao padrão predefinido da raiva. Para ser franco, não fazia ideia de que eu passava para a segunda emoção toda vez.

Mas todo mundo percebera isso — sobretudo Ann.

Outros exemplos da minha "raiva por padrão predefinido" começaram a vir à tona. Tentava consertar uma secadora quando CJ, meu filho de 4 anos de idade, quis saber o que eu estava fazendo. Ele dera sinais de que a mecânica o atraía, por isso perguntei se queria ajudar.

— Claro — foi sua resposta.

Achei que a experiência daria certo, mas ele era novo demais, ainda sem força suficiente para girar sua pequenina chave de fenda. Apesar de todo o esforço empreendido, seus dedinhos escorregavam o tempo todo e se atrapalhavam. Por causa da minha pressa e frustração, acabei explodindo com ele.

— CJ, é só girar a chave!

Seu rostinho se cobriu de tamanha dor que ele só conseguiu se levantar e sair. Não queria ouvir gritos. Eu estragara de novo.

O incidente aconteceu bem quando eu começava a estudar a raiva e seu poder em minha vida. Foi um momento de surpreendente autocrítica para mim. Constatei que me comportara como um perfeito idiota — não se pode esperar que uma criança de quatro anos manipule uma chave de fenda com a habilidade de um homem adulto.

Oh, não!, pensei. *Quero mesmo ser* esse *pai que repele o próprio filho com raiva?* Tinha muito que fazer, mas começava a entender o conceito.

Também descobri os diferentes tipos de raiva. A *raiva específica por uma situação* tem relação direta com a situação ou circunstância que a desencadeou. Geralmente, esse tipo de raiva é mais fácil de controlar e, na verdade, pode até ser construtiva às vezes. Por exemplo, pode-se sentir justa indignação diante de uma injustiça, ou quando se testemunha uma crueldade. Essa é a raiva justa que motivou William Wilberforce a trabalhar com intrepidez para dar cabo do comércio de escravos. Também motivou Jesus a expulsar os cambistas do templo (v. João 2).

Outro tipo é *a raiva deslocada*. Trata-se da raiva mal dirigida, voltada para o alvo errado. Quando alguém se irrita com uma circunstância do trabalho e volta para casa para gritar com o filho que derramou leite em cima da mesa, isso é raiva deslocada. Toda vez que um motorista furioso cola na minha traseira e começa a lampejar os faróis e a acionar a buzina ao mesmo tempo que tenta me ultrapassar, sinto muita vontade de convidá-lo para se sentar ao meu lado e lhe dizer: "Você está sofrendo de raiva deslocada, meu amigo. Qual é o seu verdadeiro problema? Vamos, deixe-me ajudar você a olhar debaixo do capô.

É provável que o resultado disso não fosse muito bom.

Um AVC para lidar com a raiva

Aprendi que, para a raiva relacionada a uma situação específica ou deslocada, nada melhor que um AVC.

A: Admita que está com raiva

Paulo diz aos efésios: "Fiquem irados e não pequem. Não deixem que o sol se ponha sobre a ira de vocês" (4.26, *NAA*). O versículo sugere que a raiva é uma emoção natural, concedida por Deus. Por que outro motivo ele diria "fiquem irados"? Todo mundo terá de lidar com a raiva em algum momento, mas isso não significa que sejamos obrigados a pecar — ou errar o alvo — por causa disso. Portanto, elabore um plano para tratar o problema, mas, melhor ainda, implemente-o *agora*. Vença a raiva quanto antes. Não a deixe infeccionar seu interior.

É lamentável, mas muitos cristãos têm dificuldade para admitir quando sentem raiva. Pensam que ela é sempre pecado.

Lembro-me de uma reunião dos presbíteros da nossa igreja de que tomei parte. O senhor sentado ao meu lado foi ficando cada vez com mais raiva da situação que discutíamos, era evidente. Inclinei-me então para o lado dele e brinquei:

— Ei, amigo, a sala está ficando meio quente demais para você, não?

— Nada disso, para mim, não — ele retrucou.

— Está sim. — Dava para ver que ele só não queria admitir.

— O que o faz pensar uma coisa dessas?

— Porque está saindo fogo das suas narinas! — E dei risada. No entanto, ele continuou negando o que era nítido.

A raiva não é um pecado, mas, se não a reconhecemos logo, sem dúvida ela pode conduzir ao pecado. Deus conhece cada um dos nossos pensamentos e emoções, então por que os esconder? Seja sincero acerca desses momentos de raiva do seu cônjuge. O instante em que afinal admitimos nossa raiva é o instante em que enfim começamos a avançar no sentido de controlá-la. A sinceridade nos colocará quilômetros à frente no processo de encontrarmos solução e paz.

V: Volte à primeira emoção

Esse é um passo importante, pois não há nada mais fácil que ficar girando em círculos no momento de uma discussão acalorada a ponto de se perder na própria discussão, esquecendo o problema inicial.

Assim, volte à raiz do problema da raiva que está sentindo e encontre a emoção que você ignorou ao privilegiar sua raiva. Era medo? Tristeza? Dor? No meu casamento, costumo passar por cima da dor sem lhe dar atenção e enveredar pelo caminho mais rápido rumo à raiva.

Tenho notado que não lido muito bem com a dor emocional. Na verdade, conheço poucos homens que o fazem. Creio que as mulheres sejam bem melhores para lidar com essa emoção.

Já aconteceu de você entrar em casa e encontrar sua esposa aos prantos no sofá? Você lhe pergunta o que houve, e ela diz que teve o pior dia de sua vida e que as crianças foram malcriadas com ela.

Agora, o outro lado da moeda. Mulheres, vocês já encontraram seu marido aos prantos no sofá porque alguém o feriu emocionalmente no trabalho? Pouco provável. Em vez disso, a reação dele é despejar a própria fúria sobre sua cabeça sem que você saiba por quê... Nem ele sabe. Quer dizer, agora você sabe sim.

Quando ensino essa prática de "voltar à primeira emoção", costumo enrolar um cabo de extensão na cintura, deixando a tomada no chão. Em seguida vou soltando o cabo ao mesmo tempo que o deixo correr pelos dedos, retornando à sua extremidade para descobrir a que ele está ligado. Demonstro assim como chegar à *emoção* da dor ou frustração que necessita de fato ser tratada, para não viver estourando de raiva a toda hora. A partir do momento em que sei qual é essa emoção, posso fazer alguma coisa a respeito.

Preciso ser franco comigo mesmo e reconhecer que estou ferido e que não me sinto à vontade com essa emoção. Em seguida, tenho de ser franco com minha esposa. "Querida, isso me machucou. O que você disse fez que me sentisse desvalorizado como homem. Por isso fui tão agressivo". Agora conseguimos nos comunicar de verdade.

Esse é o ponto de partida da comunicação. Eu ouço. Minha esposa ouve. E, juntos, começamos a progredir em nosso conflito. Para a maioria de nós, não tem graça nenhuma fazer isso, mas, creia-me, funciona.

C: Confesse sua raiva como convém

Existem maneiras próprias e impróprias de confessar a raiva. Fazê-lo como convém significa falar sem rodeios sobre suas emoções e erros com sinceridade, gentileza e autocontrole.

Lembro-me do dia em que fui buscar nossos garotos depois da ginástica. Normalmente Ann pegava todos eles, mas, nesse dia em particular, o motorista seria eu.

Quando meu filho CJ, ainda bastante jovem, me viu no lugar da mãe, suas primeiras palavras — na frente dos outros pais, veja bem — foram:

— Ah, é você, pai. Pensei que viesse a mamãe.

Encolhi-me todo diante do evidente desapontamento, mas procurei disfarçar. Enquanto nos afastávamos da escola e eu conversava com uma mãe da nossa igreja, CJ se pôs a pedir — bom, atormentar seria o termo mais apropriado — que lhe comprasse um lanche da máquina de venda automática.

Ainda me recuperando de seu cumprimento ao me ver, esbravejei:

— CJ, espere. Estou conversando.

— Mas, papai, quero comer alguma coisa.

— Espere um pouco! — respondi no famoso tom que todo pai e toda mãe aprendem a dominar: alto, mas nem tanto, o suficiente para não passar vergonha.

— Mas mamãe sempre compra alguma coisa para eu comer!

Por dentro, percebi que minha paciência se esgotara. Estendi a mão e espremi-lhe o braço querendo chamar sua atenção, mas não me dei conta de toda a raiva que estava sentindo — e apertei com força demais. CJ gritou de dor. Gritou *de verdade*. Na frente de todos os outros pais. Podia até ouvi-los pensando: *Esse não é o reverendo Wilson? Será que devemos ligar para o serviço de proteção à criança, ou pelo menos sair da igreja dele e contar o motivo para todo mundo?*

Não foi meu melhor momento. Na viagem de volta para casa, comecei a raciocinar com mais sensatez e a repassar na mente os pontos do AVC enquanto dirigia. É possível fazê-lo muito depressa. Admiti minha raiva, voltei à dor que desencadeara essa raiva e constatei que precisava confessar meus sentimentos às crianças.

— Rapazes — comecei —, lá na academia de ginástica, vocês acham que eu estava bravo?

Olhos arregalados, fizeram que sim com a cabeça em perfeita sincronia. (Um adendo: esses meninos são demais!)

— Acham que sabem por que papai ficou com raiva?

CJ se apressou a responder:

— Sim, porque quando o senhor estava falando eu tentei interromper do jeito errado.

Presumia que fora tudo culpa dele, coisa que ensinamos nossos filhos a fazerem — acima de tudo porque, como pais, passamos grandes apuros sendo sinceros com eles acerca das nossas próprias faltas. Decidi que eu precisava conversar com eles sobre meu erro em vez de deixá-lo ser ofuscado pela inocência infantil deles — eu sabia que resolveria naquela situação, mas não seria uma solução definitiva para o problema.

— CJ, você queria que a mamãe fosse buscá-los em meu lugar. Você tem 7 anos, claro que queria sua mãe. Mas isso feriu meus sentimentos e eu descontei em você. Meninos, papai estava errado. Sinto muito. Não deveria ter apertado seu braço com tanta força, CJ. A raiva que demonstrei nessa hora foi desproporcional. Vocês me perdoam?

Antes mesmo que terminasse minha confissão, CJ respondeu:

— Oh, claro! (Outro adendo: em geral as crianças são rápidas para perdoar.)

Foi um momento incrível com meus filhos, mas a melhor parte da história é que vinte minutos depois, quando entrei em casa, Ann encontrou um marido que não carregava mais em si uma raiva deslocada. Não fosse assim, essa raiva acabaria sendo direcionada para ela.

Ter o controle da própria raiva é crucial. Se não voltarmos à fonte, levaremos o fogo da raiva para dentro do casamento, com certeza machucando aqueles a quem mais amamos. Eles merecem coisa melhor da nossa parte.

Raiva profunda

O AVC parece ajudar muito em momentos de raiva situacional e deslocada, mas não é eficaz com o terceiro tipo de raiva: a *crônica*. Ela é profunda. Assemelha-se à raiva deslocada, uma vez que se origina em algum outro lugar, mas costuma ir bem mais longe. Com frequência está enterrada bem fundo, sob camadas de dor, raiva e amargura que remonta há muitos anos.

Gente que sofre de raiva crônica é capaz de explodir em qualquer lugar, a qualquer tempo. Nunca se sabe o que lhe acionará o gatilho. Esse tipo de raiva é uma mina terrestre à espera de que lhe pisem em cima — enterrada bem fundo, mas acessível desde a superfície. Quando estoura, todo o mundo — incluindo, em geral, a pessoa enfurecida — fica chocado.

— De onde foi que veio *isso*?

Minha história foi sempre essa nos vinte primeiros anos do nosso casamento. Sofri de raiva crônica muito tempo sem desconfiar disso.

Quando éramos muito jovens, meu pai me abandonou e a meus quatro irmãos. Ele trabalhava como piloto de avião e fora infiel à minha mãe em diversas ocasiões. Como já era de esperar, minha mãe acabou dando um basta, e o casamento deles acabou.

Você já deve ter imaginado que, quando ele quis entrar em contato conosco, eu o rejeitei. Até na faculdade, ainda na minha juventude, essas questões continuavam mal resolvidas para mim. Tenho lembranças vívidas de suas tentativas de assistir a meus jogos de futebol americano. Mesmo depois de tantos anos, eu não queria saber dele. Disse-lhe face a face que ele não faria parte da minha vida porque nos abandonara.

Como muitos outros homens com histórias semelhantes, eu não fazia ideia de todo o mal que essa dor e rejeição enterradas em meu peito me causaram na infância, adolescência e início da vida adulta. Eu era profundamente amargo e bravo e, sem ter consciência do fato, levei minha raiva crônica para o casamento.

Escolhendo perdoar

Perto dos 30 anos, houve uma ocasião em que Ann e eu assistíamos a nossos filhos muito jovens brincarem no chão, quando comentei:

— Acredita que meu pai me abandonou quando eu tinha apenas a idade deles?

Ela olhou para mim cheia de ternura — e teve a coragem de me confrontar com todo o amor:

— Você sabe que tem problemas com seu pai, não?

Na mesma hora assumi uma atitude defensiva e mordaz, coisa natural para mim.

— Do que você está falando? Não tenho problema nenhum com isso! Perdoei-o há anos.

Ann continuava sendo meu porto seguro, mesmo eu rejeitando suas palavras.

— Sabe como fica quando recebe uma ligação do seu pai? Você segura o telefone a vários centímetros da orelha. Seu rosto adquire um aspecto horroroso. Você fala o mínimo possível. Nem sequer se envolve com a conversa. Mal a tolera. — Em seguida, soltou a bomba: — Acho que você precisa perdoar seu pai.

Isso sim é arruinar uma relaxante tarde de domingo! Divertíamo-nos bastante até então, mas ela arruinou tudo com o que todo homem mais odeia — um conselho gratuito que ninguém pediu.

No entanto, Ann tinha razão. Deus me abençoou com uma esposa que me conhece de fio a pavio e tem discernimento para saber quando algo está errado.

Mais tarde, naquela mesma noite, continuei agitado por causa da história. Perguntei a Deus: "O Senhor tentou me dizer alguma coisa hoje por intermédio de Ann?".

Acho que ele quase soltou um divino suspiro de impaciência quando respondeu com toda a delicadeza em meu coração: "Sim".

"Está bem", retruquei, "telefono para ele domingo que vem".

No dia seguinte, um amigo me contou que terminara fazia pouco tempo a leitura de um livro que eu precisava ler — *Perdoar e esquecer*, de Lewis Smedes. Disse que pensara em mim durante todo o período em que o lera. Hummm, era quase como se todos que me conheciam bem e se importavam comigo já soubessem dos problemas que eu tinha para perdoar meu pai. Como eu deixara acontecer uma coisa dessa? Na verdade, não importava — o dom de Deus para me ajudar a não deixar o problema sem solução estava sendo oferecido por meio da sinceridade em amor de minha esposa e dos amigos de verdade.

Li o livro várias vezes — e ele mudou de verdade a minha vida. Uma citação em particular causou profundo impacto em mim. "Perdoar", escreveu Smedes, é "dar liberdade a um prisioneiro, mas então descobrir que o verdadeiro prisioneiro é você mesmo".[1] Uma descrição perfeita da minha vida. Por vinte anos, fui prisioneiro da amargura, do ressentimento e da raiva crônica.

Adoraria dizer que esses momentos de descoberta levaram a uma solução instantânea do problema, mas a verdade é que levei quatro anos para enfim perdoar meu pai por completo. Foi esse tempo todo que custou para Deus restaurar meu coração — e ele continuou a fazê-lo por meio da sabedoria de sua Palavra, da operação de seu Espírito e da prontidão de seu povo para se "intrometer" em minha vida com amor e verdade. Agarrei-me a essa dor de punhos cerrados por mais de trinta anos, mas devagar Deus abriu-me os dedos e o coração para o perdão.

Depois desse processo, o Detroit Lions viajou para Tampa, onde meu pai morava. Como capelão do time, acompanhei-o e convidei meu pai para se hospedar no nosso hotel na noite anterior à do jogo. No dia seguinte, fomos ao estádio no carro dele e enfim falei o que precisava.

[1] Smedes, Lewis. **Perdoar e esquecer — superando mágoas do passado, conquistando a paz interior.** São Paulo: Claridade, 2002.

— Pai, tenho uma coisa para dizer ao senhor. Não me lembro de ter dito isso alguma vez na vida. Eu amo o senhor... E o perdoo.

Tive a impressão de que o tempo parou.

O carro se encheu de silêncio mortal enquanto eu lhe sondava a face à procura de alguma reação. Ele parecia perplexo. Não sabia nem do que eu o perdoava. Isso não é ao mesmo tempo trágico e impressionante? Mas por fim ele murmurou:

— Obrigado, e... também amo você.

Eu tinha 32 anos e acabava de ouvir meu pai dizer "amo você" pela primeiríssima vez. Costumo dizer que me tornei um homem com 32 anos — e só aconteceu depois que perdoei meu pai como Cristo me perdoara. Esse processo enfim me libertou da raiva crônica que guardara tantos anos. Em todos eles, imaginava ter bloqueado meu pai do lado de fora da minha vida, quando fora eu que estivera bloqueado. O dia em que perdoei meu pai foi aquele em que me tornei livre para então ser o marido, pai e homem que Deus me criara para ser.

Vários anos mais tarde, oficiei o culto fúnebre do meu pai. Ao lado do caixão, olhando para ele, senti-me muito grato por Deus ter operado essa cirurgia espiritual em meu coração. Estava livre e sentia amor de verdade por aquele homem contra quem abrigara amargura por décadas.

O processo profundo de confronto e cura da raiva requer tempo, comprometimento, ajuda de terapeutas qualificados e disposição para confiar em Deus e segui-lo. Graças a Deus por ter me libertado da raiva crônica. Ele pode fazer a mesma coisa por você.

Capítulo 8
Cale-se

Eu (Dave) me lembro da noite em que entrei na cozinha e Ann começou a me contar que tivera um dia terrível. Desobedientes, não havia quem conseguisse controlar as crianças. Eu passara o dia inteiro fora. A casa se tornara uma bagunça. A agenda dela estava um verdadeiro caos... E assim por diante. Interrompi-a antes que continuasse e lhe disse que já voltava. Corri até meu escritório no andar de cima da casa e voltei instantes depois com um bilhete para ela ler, certo de que conseguiria ajudá-la de verdade.

Ela pareceu ficar contente e empolgada quando lhe entreguei o que escrevera só para ela. Pensou que fosse uma carta em que eu dizia quanto a amava e apreciava tudo que fazia por nossa família. Mas, ao começar a ler a primeira frase em voz alta, seu sorriso depressa se converteu em carranca. O bilhete dizia: "10 coisas que ajudarão você a ser mais organizada. Nº 1: Comece traçando um plano por escrito para cada dia".

Sim, eu escrevi mesmo isso. Você já deve ter imaginado como terminou *aquele* nosso encontro.

Eu era muito ingênuo — ou talvez devesse dizer estúpido — em pensar que era aquilo que Ann queria de mim: ajuda para resolver seu problema. Como consegui ser tão idiota? Ela rasgou o bilhete e jogou-o na minha cara. Cheguei ao ponto de gritar:

— Essas sugestões vieram de Deus. Orei primeiro, antes de anotá-las para você!

Desnecessário dizer que ela conhecia melhor do que ninguém a fonte exata das sugestões — e que não era de Deus, mas de um marido sem a menor ideia de que a esposa só queria que ele se calasse e ouvisse.

Quando calamos a boca tempo suficiente para de fato ouvir o que nosso cônjuge está dizendo, conseguimos começar a escutar o que está sendo dito por trás das palavras.

Duas orelhas, uma boca

Na carta que escreveu, Tiago nos ensina: "Meus amados irmãos, tenham isto em mente: sejam todos prontos para ouvir, tardios para falar e tardios para irar-se" (1.19). Se já teve a oportunidade de ver duas pessoas discutirem, você sabe quanto essas palavras são revolucionárias. Quando nos envolvemos em um conflito, em geral apresentamos qualidades diametralmente opostas — tornamo-nos *tardios para ouvir, prontos para falar e prontos para nos irar*.

Embora já tenha dito isso aqui, vou repetir: temos duas orelhas e uma boca. Ter em mente essa proporção pode revolucionar os momentos de conflito — se ouvirmos o dobro do que falamos. Em vez disso, estamos mais propensos a pensar apenas em nossos argumentos, na réplica que arquitetamos e em nossas refutações.

Na verdade, o mandamento bíblico de que sejamos "tardios para falar" é de particular importância para quem tem fortes habilidades verbais. Só porque *consegue* vencer seu cônjuge em uma argumentação oral, não significa que *deva* fazê-lo. Ser o último ainda de pé, falando em termos verbais, não implica ter razão. Você pode ser a pessoa mais inteligente da sala, mas também a mais tola. Talvez por isso se leia em Provérbios 18.2: "O tolo não tem prazer no entendimento, mas sim em expor os seus pensamentos".

Há outra maneira de parafrasear a mensagem de Tiago 1.19. Preparado para ela? Lá vai: *Cale-se... e ouça!*

Talvez falte sensibilidade nesse conselho, mas ele é muito útil e eficaz. Leva-me a reconhecer os momentos em que preciso desligar o celular, o *laptop* e a TV para poder olhar *de verdade* nos olhos da minha mulher e ouvir o que ela tem a dizer. Quando ouço nesse nível, em geral fico sabendo que há algo mais profundo que ela está tentando me comunicar. Pode ser que ela não esteja conseguindo se expressar com perfeição, ou pode ser que o faça com raiva. Mas, se ouço de verdade e peço a Deus que me dê capacidade de compreensão e discernimento, na maior parte das vezes consigo descobrir a raiz do problema.

Marido ainda jovem, precisei aprender (outra vez, do jeito mais difícil) a me calar. Tenho a tendência de achar que, quando Ann compartilha uma dificuldade ou uma luta, seu verdadeiro desejo é que eu conserte a situação para ela. (Acho que muitos de nós, homens, pensamos assim.)

Lembra-se da história do nosso décimo aniversário? Lembra-se de Deus aconselhando que me calasse e ouvisse? Foi por ocasião do nosso décimo ano de casados que Deus me mostrou como minhas prioridades estavam atrapalhadas. E, lamentavelmente, não era a primeira vez que discutíamos sobre o tema das minhas prioridades. *Anos* se passaram sem que a ouvisse de verdade. Quando Ann dizia "Você não para em casa... Tenho a sensação de estar criando os meninos sozinha", eu sentia que ela estava carente e que não valorizava o que eu estava fazendo. Não tinha de trabalhar para prover para minha família? Por que ela não reconhecia isso?

Percebe como os meus argumentos e conclusões se sobrepunham às palavras dela? Quando me calei e a ouvi, no entanto, comecei a discernir o que Ann realmente estava dizendo. E, creia-me, senti-me muito estúpido por não a ter ouvido durante todos aqueles anos.

Ela estava dizendo: "Não me sinto uma prioridade em sua vida". O que lhe dava a sensação de ser mal-amada. Por dor e raiva, ela reagia não me mostrando respeito. Com o tempo a dor piorou tanto que Ann se fechou inteira, chegando a declarar que não me amava mais. Enredamo-nos no que Emerson Eggerichs chama de "Ciclo Insano".[1] Como ele escreve no livro *Amor e respeito*, a necessidade número um da mulher é sentir-se querida e amada, e a necessidade número um do homem é sentir-se respeitado. A esposa que não se sente amada pelo marido reage não lhe demonstrando respeito. Por sua vez, ele então reage à falta de respeito não demonstrando amor por ela.

Ann e eu ficamos presos nesse círculo vicioso e não conseguíamos fugir dele até que por fim eu comecei a me calar e a ouvir.

Claro, não pode haver uma conversa ou comunicação verdadeira sem que ambos ouçam e falem em um intercâmbio em que os dois contribuem e os dois recebem. Já sabemos que precisamos ser "tardios para falar". Mas, quando chega a hora de nos manifestarmos, o que dizemos?

Fale a verdade em amor

O apóstolo Paulo escreve: "Em vez disso, falando a verdade em amor, cresceremos para nos tornarmos em todos os aspectos o corpo maduro daquele que é a cabeça, ou seja, Cristo" (Efésios 4.15, *NIV*, tradução livre). A passagem nos diz que aprender a falar a verdade em amor é uma parte importante do amadurecimento para sermos como Jesus Cristo. E não existe melhor maneira de praticar essa disciplina que na mais íntima de todas as relações: o casamento.

[1] Eggerichs, Emerson. **Amor e respeito:** o que ela mais deseja, do que ele mais precisa. São Paulo: Mundo Cristão, 2008.

Com frequência atropelamos essa importante verdade, preferindo substituí-la por outras coisas que por algum motivo presumimos serem capazes de promover a maturidade. Frequentar a igreja toda semana. Ler a Bíblia e orar todos os dias. Juntar-se a um pequeno grupo. Claro, como pastor, aprovo cada uma dessas disciplinas. São boas e farão bem a você. No entanto, não podem tomar o lugar de aprender a falar a verdade em amor como caminho para a maturidade espiritual e relacional.

Aprender a equilibrar verdade e amor é um processo de aprendizagem para a vida inteira. Contudo, há quem já venha programado para amar. Esses encontram dificuldade para dizer a dura verdade às pessoas, sobretudo porque não querem feri-las. Por outro lado, há os que vieram programados para ser os "arautos da verdade". Sentem ter a missão divina de dizer a verdade às pessoas, incluindo aquelas que não conhecem ou que não querem saber de escutá-los.

Independentemente das propensões predefinidas da sua personalidade, se pretende resolver conflitos no casamento (ou em qualquer outro tipo de relação), em algum momento você deve conversar sobre a causa desses conflitos até esgotar o assunto. Contudo, se essa verdade não for muito bem embalada, é provável que não seja bem recebida.

Mas, quando ela vem embalada em amor, seu cônjuge consegue ouvi-la com mais facilidade.

Ao longo dos anos, tivemos mais que a cota que nos cabia de conflitos. Todos eles nos revelaram a verdade, mas essa verdade costuma vir à tona sob forma de explosão e em espírito de raiva, frustração e até vingança. Gritamos um com o outro. Lançamos observações sarcásticas um contra o outro. E quer saber de uma coisa?

Nunca dá certo!

Quando tentamos falar a verdade em determinada situação, enfrentamos a enorme tentação de sermos parciais e só enxergarmos as coisas do nosso jeito. Todo casal sofre de "visão seletiva" — não conseguimos enxergar os próprios erros, por maiores que sejam. Mas vemos com facilidade os defeitos do nosso cônjuge, por menores que sejam.

Como então falar a verdade em amor? Aqui estão algumas sugestões das Escrituras.

1. Concentre-se em incentivar seu cônjuge em vez de atacá-lo. Se seu objetivo é encostá-lo na parede e obrigá-lo a reconhecer que errou, não conseguirá ir muito longe. Esse tipo de intenção e atitude é o oposto de falar a verdade em amor.

O apóstolo Paulo nos lembra: "[...] exortem-se e edifiquem-se uns aos outros [...]" (1Tessalonicenses 5.11). É difícil exortar alguém, no sentido de estimulá-lo, quando você só se concentra nos piores componentes da personalidade ou dos hábitos da pessoa. Acaba só enxergando o que está procurando em vez de ver a pessoa em plenitude. Procure tomar conhecimento do que seu cônjuge está fazendo certo neste momento e de como ele ou ela vem amadurecendo. Que suas palavras lhe sirvam de alento. Apele não só para a mulher ou o homem que ela ou ele é agora, mas também em que está se transformando.

2. **Seja gracioso com seu cônjuge.** O apóstolo Paulo também escreve: "A vossa conversa seja sempre com graça [...]" (Colossenses 4.6, *TB*). Seja misericordioso e compassivo, mesmo quando seu cônjuge estiver errado. Demonstre para ele o tipo de graça que Deus demonstra o tempo todo a você. Essa é a essência do evangelho, o que significa que é também a chave para a força e a longevidade de todos os relacionamentos, incluindo o casamento.

3. Aplique o "capítulo do amor" ao seu discurso. A famosa carta do apóstolo Paulo aos coríntios descreve como de fato é o amor: "O amor é paciente, o amor é bondoso. Não inveja, não se vangloria, não se orgulha. Não maltrata; não procura seus interesses, não se ira facilmente, não guarda rancor. O amor não se alegra com a injustiça, mas se alegra com a verdade. Tudo sofre, tudo crê, tudo espera, tudo suporta. O amor nunca perece [...]" (1Coríntios 13.4-8).

É fácil demais deixar que essas palavras tão familiares passem por nós sem que lhe demos atenção. Amamos sua bela sonoridade durante uma cerimônia de casamento, mas elas acabam significando bem pouco para nós na prática. Em vez de apenas admirá-las, procure aplicar as descrições às conversas reais entre vocês.

Quando falo com meu cônjuge, sou paciente e bondoso? Encho-me de inveja? Vanglorio-me de estar certo, a ponto até de maltratá-lo? Iro-me com facilidade e guardo rancor, chegando a encontrar motivos para me alegrar em seus pecados, pois isso me dá uma vantagem? Ou, pelo contrário, regozijo-me na verdade? No casamento eu envido esforços para sofrer todas as coisas, crer em todas as coisas, esperar todas as coisas e suportar todas as coisas? Quando converso com meu cônjuge, ele ou ela sabe que o amor que lhe devoto é como o amor de Deus por mim — infinito?

A escritora Shaunti Feldhahn descobriu em suas pesquisas que "um dos motivos pelos quais os casais muito felizes são assim é porque eles valorizam a gentileza mais do que despejar tudo que pensam em cima do outro. Em vez de fazer que a conversa entre os dois seja temperada por uma sinceridade brutal, esses casais optam por seguir o conselho do apóstolo Paulo à igreja da antiga cidade de Colossos — fazendo que 'A [...] conversa seja sempre com graça [...]'. Entendem o poder de destruição das palavras e que em nenhum outro lugar esse poder deve estar mais sob controle do que nos relacionamentos que mais importam para nós".[2]

2 FELDHAHN, Shaunti. **The Surprising Secrets of Highly Happy Marriages:** The Little Things That Make a Big Difference. Colorado Springs : Multnomah, 2013. p. 165-166.

Lembre-se, o relacionamento importa mais que vencer a discussão. Se falar a verdade em amor durante um conflito, em algum momento você precisará dizer para seu cônjuge algumas coisas difíceis de ouvir. Mas, se o discurso for temperado com exortação, graça e amor, suas palavras terão o impacto maduro e construtivo que você deseja de verdade que elas tenham.

Ferro afiando ferro

O reverso da moeda de falar a verdade é *ouvi-la* também. Ela funciona melhor quando bem-vinda. Sim, eu sei — às vezes, é muito difícil ouvir a verdade.

Em *Criatividade S.A.*, Ed Catmull, presidente da Pixar, descreve a história da empresa e detalha o processo por trás de sua incrível sequência de sucessos de bilheteria. No início do processo de produção, diz Catmull, cada um dos seus filmes de sucesso era um horror. Mas eles criaram um método de desenvolvimento em que cada película passava pelo crivo do que denominaram Cabeças Pensantes — um grupo de colegas com experiência da Pixar encarregado de criticar a obra com absoluta franqueza. Embora fosse difícil ouvi-lo de vez em quando, esse nível de total e desenfreada sinceridade ajudou a moldar as produções nas incríveis obras de arte que acabaram se tornando.[3]

Quando tomei conhecimento desse processo, refleti sobre minha vida. Constatei que eu era um filme ruim — como somos todos nós. Somos pecadores... Imperfeitos e separados de Deus. Se não permitirmos que alguém chegue e nos presenteie com absoluta sinceridade — se nos recusarmos a ouvi-lo falar a verdade em amor —, jamais amadureceremos; jamais

[3] CATMULL, Edwin E. **Criatividade S.A.:** superando as forças invisíveis que ficam no caminho da verdadeira inspiração. Rio de Janeiro: Rocco, 2014. Veja Ed CATMULL, Inside the Pixar Braintrust, **Fast Company**, March 12, 2014. Disponível em: <www.fastcompany.com/3027135/inside-the-pixar-braintrust>. Acesso em: 16 abr. 2019, 18:02:53.

experimentaremos tudo que Deus tão graciosamente deseja para nós durante nosso tempo neste planeta.

O poder da sinceridade em amor é a essência da verdade encontrada em Provérbios: "Assim como o ferro afia o ferro, o homem afia o seu companheiro" (27.17). Em nenhum outro lugar esse princípio soa mais verdadeiro do que nas realidades relacionais do casamento. Deus usa seu cônjuge para o afiar — para ajudar você a crescer e amadurecer. Se você nunca vir e aceitar a verdade — ou seja, se nunca se permitir ouvi-la do seu cônjuge e, em vez disso, optar sempre por se fechar e assumir uma atitude defensiva —, então você nunca verá a plenitude do que Deus pode fazer em sua vida.

Contudo, se tiver a coragem de ouvir a verdade, crescerá para entender o que você precisa trabalhar e mudar, e o que precisa confiar a Deus a fim de que ele mude. Ao se dispor a ser afiado pelo cônjuge que você recebeu de Cristo, você se tornará mais e mais como Aquele que o deu a você antes de mais nada, o que levará seu casamento a atingir picos de sinceridade, maturidade e intimidade nunca antes experimentados.

Palavras que transformam a vida

Uma história final sobre o poder do ouvir e falar a verdade em amor. Jamais me esquecerei de uma ocasião ocorrida poucos anos atrás em que Ann me dirigiu palavras duras, embora verdadeiras. Não escolheu a melhor hora para isso, mas suas palavras foram de fato transformadoras. A conversa aconteceu em algum momento por volta das 23h30 de uma noite de domingo. Eu pregara quatro vezes naquele dia e rastejara exausto para a cama.

Fizemos uma rápida oração, e eu já estava a cerca de dez segundos da terra dos sonhos quando ouvi as seguintes palavras:

— Às vezes, gostaria que o homem que prega na igreja e a lidera fosse o mesmo homem em nossa casa.

Bastante sonolento, não sabia se a ouvira direito, de modo que rolei para o lado e perguntei:

— O que foi que você disse?

Ela repetiu... tim-tim por tim-tim. Dessa vez escutei tudo em alto e bom som. Para ser franco, custei a acreditar que enveredaríamos por *esse* caminho àquela hora da noite, mas não tinha como evitar.

Pedi que esclarecesse. Ao que ela respondeu:

— Você é um líder vigoroso. Sobe naquele palco semana após semana e nos conduz espiritualmente com poder e graça. Ora com um fervor que nos serve de inspiração. — Essa parte fez que me sentisse bastante bem, mas senti a proximidade de uma bomba prestes a ser lançada. — Mas você não é o mesmo homem em casa — disse ela então. — Aqui você parece adotar uma atitude de passividade espiritual, e sinto que nem tem vontade de me guiar. Queria muito que fosse aqui o homem que é na igreja.

Bum... No alvo.

Tenho de reconhecer que de fato Ann embalou essa verdade em amor, proferindo-a com graça e ternura. Mas também me sinto obrigado a reconhecer que a recebi sem nenhuma graça e ternura. A bem da verdade, explodi, dizendo algo como:

— Você não dá valor ao que tem. Sou o melhor marido que conheço e guio você melhor do que qualquer homem do Planeta!

Bem, talvez não tenha dito "do Planeta", mas não resta dúvida de que exagerei. Só um pouquinho. E então acrescentei um comentário supermaduro:

— Não quero falar sobre o assunto esta noite. Estou exausto por causa de todo o vigor com que liderei espiritualmente e vou dormir!

E ponto final.

Na manhã seguinte, assim que acordei, descobri que a dura verdade que me fora dita na noite anterior ainda pairava no ar, encarando-me. Fui para meu escritório, ajoelhei-me e perguntei para Deus se o que Ann dissera era verdade. É provável que você já tenha adivinhado a resposta que ouvi. Sim, Deus confirmou cada palavra. (Odeio quando ela está certa!)

Agora eu tinha mesmo de lidar com a verdade dita a mim em amor. Permaneceria na defensiva e me recusaria a crescer, ou receberia essa verdade como proveniente de Deus, para então me tornar o homem e o marido que minha esposa merece e pelo qual anseia?

Levou algum tempo, mas acabei me sentindo grato por Ann ter tido a coragem de me dizer uma verdade dura — que Deus usou para me transformar. Era hora de progredir. Homens fazem isso: progridem para se converterem em quem fomos chamados por Deus, por força do seu poder, para ser. Não tenho como afirmar que nunca mais resvalei para a preguiça e para passividade como marido, mas posso dizer que essa verdade me transformou, e sou eternamente grato por minha esposa ter tido a coragem de proferi-la.

Isso, *sim,* é amor.

Capítulo 9

Derrube esse muro

Quando CJ, nosso filho mais velho, tinha 13 anos, ele e eu (Ann) brigamos feio. Fiquei tão brava que explodi e, não satisfeita, ainda o deixei de castigo. Quando minhas emoções começaram a se acalmar, no entanto, fiquei com remorso por ter sido tão rígida em minha reação. Ao levá-lo para a escola, decidi pedir perdão.

— CJ, eu sinto muito, de verdade — confessei. — Estourei com você, sem que houvesse necessidade disso. Peço perdão. Vamos de novo. Pode tentar me dizer o que se passa em sua cabeça neste instante?

Furioso e taciturno, CJ não fez mais que manter os braços cruzados. Olhou para mim, mas não disse nada. Uma jogada mais do que familiar para mim — sim, lembrou-me o pai dele.

— Muito bem, não aja desse jeito — pedi com toda a calma. — Vamos conversar sobre o assunto como dois adultos.

Contudo, a terapia do silêncio permaneceu até chegarmos à escola.

— Não desça do carro enquanto não tivermos pelo menos chegado a alguma solução.

Ele olhou para mim, abriu a porta do carro, desceu e entrou na escola.

Isso, sim, me deixou furiosa! Fiquei tão brava que pensei em correr atrás dele escola adentro, mas resolvi não fazê-lo — apesar de que o resultado poderia ter sido uma história mais interessante. Em vez disso, fui embora para casa pensando: *Que horror! Não sei o que fazer, de verdade.*

Podia ter desistido naquele momento — creia-me, bem que eu queria. Quantas mães e pais fizeram isso em situações assim extremas, em que parece impossível encontrar a solução do conflito com um filho adolescente? Experimentei a sensação de desesperança para o meu caso, mas sabia que precisava fazer alguma outra coisa para estender a mão para ele.

É triste, mas às vezes a última coisa em que pensamos é orar. Triste e verdadeiro. Mesmo assim, afinal raciocinei melhor e orei: "Deus, por favor, me ajude!". O capítulo 1 de Tiago diz: 'Se, porém, algum de vocês necessita de sabedoria, peça a Deus, que a todos dá com generosidade e sem reprovações [...]' (*NAA*). Deus, eu necessito *muito* da sua sabedoria. Como necessito *muito* da sua ajuda. Não quero que este problema fique sem solução".

Acredito que Deus me deu uma ideia naquele instante. Fui para casa e fiz um desenho — o esboço grosseiro de um homem de frente para uma mulher e, entre eles, um único tijolo. Coloquei então o desenho em cima da escrivaninha do quarto de CJ. À tarde, depois que voltou para casa, ele tornou a descer, agora com o desenho na mão. Parecia confuso.

— Mãe, o que é isso? Sua mais nova tentativa de produzir arte?

— Oh, que bom que você o encontrou! *Isso* é o retrato do que aconteceu essa manhã em nossa relação. — Da parte dele, nem um "pio" como resposta. Sendo assim, continuei, apontando para o desenho. — Essa mulher sou eu, e o homem, você. E essa coisa entre nós, com cara de caixa, na verdade é um tijolo

— representando a briga que tivemos hoje. Ele está aí no meio porque nossa briga ainda não foi resolvida.

— Não estou mais com raiva de você por causa da briga da manhã, mãe — CJ murmurou.

— Nem eu estou com raiva de você, mas o fato de nossa raiva ter se dissipado não quer dizer que o problema esteja resolvido, ou que o tijolo desapareceu. Ele continua no mesmo lugar... Ainda não solucionado. Todo ano, seu pai e eu vemos centenas de casamentos e relacionamentos entre pais e filhos em que acontece uma briga feia. Só que as pessoas não discutem o assunto. Não o resolvem.

Percebi que enfim ele me ouvia.

— Sabe o que acontece com essas pessoas? — CJ deu de ombros. — Elas têm uma briga, que gera um tijolo. Depois têm outra briga, gerando outro tijolo.

Enquanto falava, peguei um lápis e comecei a desenhar um tijolo atrás do outro, empilhando-os. Havia agora um muro alto de muitos tijolos sobrepostos entre as duas figuras que mais pareciam palitos de fósforos com pernas e braços.

— Passado algum tempo — continuei —, são tantos os tijolos de problemas não solucionados que um muro aparentemente intransponível se forma. O casal então não consegue ouvir um ao outro, ver um ao outro ou mesmo interagir um com o outro. Ficam isolados e com raiva — para eles é difícil até ter uma boa conversa, que dirá um bom relacionamento. — Fiz uma pausa para deixar a imagem se estruturar em sua cabeça. — Não quero que seja assim entre nós. Você quer?

— Não, não quero — ele respondeu solenemente.

— Então vamos conversar sobre como nos livrar do tijolo que criamos hoje. — Como CJ concordasse, expliquei o que se passava em minha cabeça quando brigamos e também por que fiquei com tanta raiva e me senti tão magoada.

— E *você*, em que estava pensando naquela hora?

Ele me relatou seus pensamentos — com a habilidade típica de um menino adolescente. Pedi perdão por gritar com ele e por magoá-lo. Por sua vez, ele também pediu perdão. Em seguida oramos juntos. Depois, peguei uma borracha e apaguei os tijolos do desenho.

— Que a gente nunca permita nem um tijolo — menos ainda um muro — em nosso relacionamento.

A busca proativa da solução dos conflitos

Talvez porque os pais de Dave se divorciaram quando ele tinha só 7 anos. Talvez por falarmos sobre o tema há anos país afora. Ou talvez tenha se tornado a montanha sobre a qual morreremos porque nosso casamento quase morreu em cima dela muitas vezes. Seja qual for a razão, a solução de conflitos tem importância vital para Dave e para mim. Aprendemos do jeito mais difícil que existe que, durante um conflito, temos *os dois* de buscar a solução. Em vez de lançar tijolos verbais um contra o outro, ou de usar os tijolos do ressentimento para construir um muro, precisamos pegar o tijolo do conflito e resolvê-lo.

No entanto, não se deixe enganar: a importância não é apenas da "solução", mas da "busca proativa" da solução *a todo custo*. Talvez tenhamos conhecido gente demais que, por alguma razão, fracassou em buscar ou em encontrar esse tipo de solução... E vimos como esse fracasso destruiu-lhes o casamento e até o próprio ego. Quando *os dois* envolvidos deixam de correr atrás da solução, os relacionamentos são entregues à própria morte. Há uma premência em nosso coração para com essa questão por termos visto casamentos demais perecerem em virtude da negligência do casal no sentido de estarem os cônjuges *mutuamente* decididos a buscar *ardentemente* uma solução.

Como já disse, no início do nosso casamento, Dave evitava os conflitos. Melhor dizendo, odiava-os! Quando surgia uma discussão, como elas surgem sempre nos casamentos, a solução dele era sair da sala e me deixar sozinha para lidar com o que viesse depois. Nossos conflitos costumavam permanecer dias e até meses a fio sem solução, o que só levava a mais raiva e frustração.

Essa raiva acabava se solidificando como concreto em nossos corações sob forma de amargura. E a amargura envenena o casamento — sobretudo quando ele é entregue ao abandono para que apodreça no decorrer dos anos. Talvez você se identifique com isso, ou talvez não, mas muitos casais se sentem isolados um do outro por causa de alguns conflitos que deixaram sem solução décadas atrás.

Muitas vezes os conflitos conjugais não encontram solução porque os dois lados entendem que a culpa é do outro. A última coisa de que o casamento necessita é de duas pessoas que se amam encurraladas por algum motivo. Você sabe como é. Os dois esperam que o outro dê o primeiro passo. É como a brincadeira de quem piscar primeiro perde, só que entre adultos e sem vencedores.

Essa metodologia para a busca de soluções não é vida e quase garante que o casamento irá penar. Em vez disso, cada um dos cônjuges deveria dar seu melhor para adotar a seguinte atitude em momentos de conflito: "Não interessa de quem é a culpa maior ou menor, tomarei a iniciativa e farei que nós dois caminhemos rumo a uma solução".

Quando duas pessoas chamam para si a responsabilidade de avançar para um mesmo objetivo, ele será alcançado duas vezes mais fácil e na metade do tempo — mesmo que seja superdifícil.

É interessante notar as muitas maneiras variadas e únicas pelas quais as Escrituras nos ensinam a ser proativos quando se trata de resolver conflitos. Somos aconselhados a nos esforçarmos "[...] para viver em paz com todos [...]" (Hebreus 12.14), para sempre estarmos "[...] prontos para ouvir [...]" (Tiago 1.19) e falarmos "[...] a verdade em amor [...]" (Efésios 4.15).

Esforce-se. Prepare-se. Fale. São imperativos que nos conduzem à ação, não conceitos passivos para serem admirados de longe.

Mateus leva a questão ainda mais longe: "Portanto, se você estiver apresentando sua oferta diante do altar e ali se lembrar de que seu irmão tem algo contra você, deixe sua oferta ali, diante do altar, e vá primeiro reconciliar-se com seu irmão; depois volte e apresente sua oferta" (Mateus 5.23,24). Raras vezes alguém prega sobre isso na igreja porque a maioria dos pastores prefere que você fique e doe seu dinheiro a que vá e trabalhe seu conflito. Ah!

Mas Jesus não. Ele valoriza a reconciliação nos relacionamentos como um dos pontos mais importantes da vida. Custe o que custar, vá agora e conserte o que está errado. Não espere seu cônjuge agir; mexa-se... Já!

Que vislumbre incrível, apesar de tantas vezes ignorado, de como Deus se sente acerca dos conflitos não resolvidos em nossa vida! Sim, há momentos de calmaria, mas eles nunca podem se tornar o ponto final da conversa. A calmaria deveria ter o propósito de preparar a pessoa para abordar melhor o outro no processo de busca conjunta de solução. Em todo casamento, há momentos em que um cônjuge ofende o outro. *Ofender* é uma ação, mas permanecer *ofendido*, uma escolha. Devemos optar por seguir em frente rumo à solução da ofensa.

Contrariando a crença popular, ignorar o conflito não o faz desaparecer, mas, sim, piorar. Ignorá-lo se equipara a aumentar o volume do rádio do carro para impedi-lo de ouvir um rangido irritante do motor. Ande alguns quilômetros, e o barulho será o menor dos seus problemas.

Aqui está uma verdade imutável acerca dos relacionamentos: *em se tratando de conflitos, nada é pior que não fazer nada.*

Como diz o velho ditado, "Se não mirar em nada, você acertará todas as vezes". Contudo, ao abrir passagem conflito adentro com o intuito de solucioná-lo coletivamente, você acabará ficando mais forte e melhor — e ainda mais apaixonado que antes. Intimidade e confiança não aparecem por acaso no auge dos nossos momentos mais tranquilos. Também são forjadas nas sombras desconhecidas dos vales que escolhemos atravessar juntos, mesmo quando seria mais fácil evitá-los.

O bom casamento às vezes dá tempo ao tempo

Você pode estar se perguntando: *A Bíblia não diz que não deveríamos deixar o sol se pôr sobre a nossa ira?* — em referência às palavras de Paulo na carta aos Efésios: "Fiquem irados e não pequem. Não deixem que o sol se ponha sobre a ira de vocês, nem deem lugar ao Diabo" (4.26,27, *NAA*). No entanto, essa passagem costuma ser mal interpretada. Recém-casados, pensamos que fosse uma instrução clara para não nos deitarmos se tivéssemos um conflito não resolvido. Em determinadas ocasiões, chegamos a ficar acordados até 2, 3 horas da manhã. Lembro-me de haver gritado com Dave quando ele começava a cochilar:

— Como consegue dormir? Você não dá a menor importância ao nosso relacionamento!

— Dou sim — respondia meu marido, exausto. — Mas estou com tanto sono...

— Mas precisamos aguentar firmes. A Bíblia diz que temos de resolver nosso problema antes de ir dormir!

Como você pode imaginar, essas discussões nas madrugadas raras vezes terminaram bem. Todavia, examinando melhor a passagem, constatamos que ela não deveria receber interpretação literal. O apóstolo Paulo fala aqui da necessidade de solucionar os conflitos o mais depressa possível, mas sem estabelecer um prazo artificial. Ainda me lembro de Dave me dizendo certa vez, bem no começo de uma discussão que iniciamos pouco antes de dormirmos:

— Essa história de resolver os problemas antes que o sol se ponha não pode ser literal — o sol se pôs há horas e acabamos de começar a discutir. Que sorte a nossa! Temos até amanhã à noite para solucionar nossas pendências!

Não, o princípio aqui é não deixarmos que os conflitos persistam dias e semanas. Precisamos resolvê-los rapidamente.

Às vezes, ajuda fazer uma pausa na conversa e tirar um tempo para processar o que está acontecendo. Em uma noite de descanso, sua perspectiva pode mudar por completo. Um pouco de espaço e sossego talvez o ajude a perceber o que os levou a entrarem em conflito, antes de mais nada, bem como o papel que toca a você nesse impasse. Você pode acabar constatando que o que parecia um grande problema ontem se mostra menor à luz do sol da manhã.

Na verdade, houve ocasiões em que perguntei a Dave, no meio de uma briga, o que ele estava sentindo naquele instante. Ficava furiosa quando ele respondia algo do tipo "Para ser franco, não sei". Achava que ele só queria evitar o conflito outra vez. Contudo, na manhã seguinte ele me procurava e dizia:

— Ei, tive tempo para pensar e agora sei o que estou sentindo em relação ao nosso conflito da noite passada.

Com o passar dos anos, aprendi que Dave só precisa de tempo para processar. Mantém-se calado na primeira noite por não querer despejar sua raiva em cima de mim quando ainda nem sabe ao certo o motivo dessa raiva. Deixar para o dia seguinte na verdade é a melhor coisa que fazemos para conseguirmos chegar a uma solução.

Lembre-se, porém, de que, se for mesmo dar tempo ao tempo, você precisa se certificar de marcar um horário para conversar sobre o problema com seu cônjuge no dia seguinte. Não deixe de solucioná-lo, nem que ele piore.

Use palavras brandas para impedir que o conflito piore

Pare um pouco e pense nas piores discussões que você teve ao longo dos anos — com o cônjuge, com seus pais ou com seus amigos. Se você for pai, pense nas discussões que presenciou entre seus filhos. Tem coisa mais fácil do que uma discussão piorar? Trocam-se acusações, a temperatura sobe e as vozes passam de altas para ensurdecedoras.

As coisas podem fugir ao controle antes que você se dê conta do que aconteceu — depois disso, é difícil parar um trem que está descarrilhando.

Deus, porém, não nos abandonou nos proverbiais desastres de trem em que se convertem nosso casamento e família quando perdemos o controle dos momentos de raiva: "A resposta branda desvia o furor, mas a palavra dura suscita a ira" (Provérbios 15.1, *NAA*). Estas são algumas das palavras das Escrituras com que nos identificamos mais facilmente. Tanto que, sem nos darmos conta disso, em geral não lhes damos importância por imaginá-las uma retórica simplista. *Oh, claro que dizer palavras brandas nos ajudará a evitar discussões. O problema é que, quando fico nervosa, não quero falar nada brando!*

Contudo, a verdade expressa na passagem é bem mais profunda do que costumamos acreditar. Palavras duras de fato atiçam a ira; por isso, para nos pouparmos da inevitável espiral descendente, alguém precisa dizer: "Vou avançar pisando em ovos aqui. Não erguerei a voz. Vou me manter calmo, não bravo".

Pode-se ter a *sensação* de que é impossível controlar as emoções durante uma discussão, mas isso não torna verdadeira a premissa. É possível *sim*, e, quanto antes acreditarmos que isso é um fato demonstrado pela Palavra de Deus, mais rápido abriremos espaço para o crescimento nessa área. Esse é um daqueles momentos em que você pode pedir a Deus para realizar em sua vida o que você jamais conseguiria sozinha. Com o auxílio divino, você é capaz de controlar sua língua.

Poucos anos atrás, um dos faróis do meu carro se apagou. Eu acabara de ser convidada para falar em uma conferência mais ou menos um mês depois, de modo que perguntei para Dave se ele substituiria o farol antes da minha viagem de quatro horas até o local da conferência.

— Claro — disse ele. — Farei isso antes de você viajar.

Uma semana se passou. Depois duas. A cada uma delas, eu perguntava outra vez para Dave:

— Já mandou consertar o farol?

— Não, mas vou — ele respondia todas as vezes. Isso continuou até a véspera do início da conferência. Meio aturdida, perguntei-lhe do carro outra vez, e Dave respondeu:

— Tenho uma reunião pela manhã, mas na volta conserto o farol e estará tudo arranjado para você ir. Não me esquecerei.

No dia da minha viagem, ele entrou na garagem um pouco mais tarde que o normal. Eu já colocara a mala no porta-malas do carro. Feliz em vê-lo antes de sair, dei-lhe um beijo e me preparei para a viagem. Antes de partir, alguma coisa dentro de mim sugeriu que eu deveria me certificar mais uma vez do conserto do farol, de modo que perguntei:

— Você mandou arrumar o farol, certo?

Uma expressão de pânico total e completo foi se instalando em seu rosto em câmera lenta. Você já deve estar imaginando como fiquei brava.

— Você teve um *mês* para arrumar esse farol!

Dave agora estava todo atrapalhado, tentando achar um jeito de consertar a situação mais do que o farol.

— Está bem, faço isso agora mesmo! Sigo você até a loja da Kmart e peço para arrumarem.

— Não! — esbravejei. — Tarde demais!

Fechei a porta do carro com toda a força, mas, quando acelerei nosso Honda, consegui ouvir Dave gritando para os meninos subirem na caminhonete. A última coisa que vi foi ele empurrando CJ, Austin e Cody para dentro da cabine da caminhonete e batendo a porta. Claro que se esqueceu de prender Cody na cadeirinha. Fiquei na esperança de que um dos meninos mais velhos o afivelasse.

— Que homem mais negligente, como marido e pai! — resmunguei furiosa, descendo a rua em alta velocidade.

Os nós dos meus dedos ficaram brancos, tamanha a raiva com que apertavam o volante do carro. Na minha cabeça, comecei a listar todos os motivos que faziam de mim uma boa esposa; em contrapartida, deixavam evidente que Dave não me amava.

Deixei para ele e os meninos uma geladeira cheia de pratos prontos que podem comer enquanto eu estiver fora. Guardei essa ideia negativa no fundo da consciência.

Cheguei a espalhar bilhetes com versículos das Escrituras pela casa para encorajá-lo. Mais um pensamento desagradável que enrolei e acondicionei bem no fundo da minha mente.

O que ele fez por mim? Nada! Sou uma esposa excelente, mas ele pensa em mim ao menos por um instante? Estou em último lugar em sua lista de importância. Não se interessa por mim.

Peguei esses pensamentos todos — e outros tantos — e os enterrei no coração para que germinassem e crescessem... E provavelmente para usar como munição mais tarde. Eu estava certa; ele, errado. Estar certa dava uma sensação muito boa. Eu só queria ficar algum tempo a sós com minha hipocrisia e deixar que a raiva me contaminasse.

A única coisa pior que *hipnose de estrada* é a *hipnose hipotética* — e eu começara a experimentar as duas. Sem perceber, deixara que Dave tomasse conta da minha cabeça. Até os cantos mais obscuros do meu pensamento pareciam querer fugir ao meu controle. Foi um desses momentos em que eu sabia que Deus tentava dizer alguma coisa em meio a toda a briga com que meu cérebro estava ocupado, mas a verdade é que eu não queria ouvi-lo. Por isso liguei o rádio — bem alto!

Senti Deus dizendo: "Pegue tudo isso que está dentro de você e me entregue".

Não! Eu não queria saber disso! Assim, respondi para Deus: "Tenho a impressão de que Dave não me enxerga. Não se interessa por mim. Não me ama. Não sou importante para ele!". Todavia, ao mesmo tempo que tentava resistir ao convite divino de lhe entregar o problema, acabei desabafando meus sentimentos em sua presença.

Entramos no estacionamento da Kmart, e Dave correu para o interior da loja com o intuito de comprar uma lâmpada nova para o farol.

Sentada dentro do carro à sua espera, percebi que tinha duas opções. Podia me apegar às ofensas que sofrera — à minha dor — e usá-la depois como munição quando Dave e eu discutíssemos os detalhes dolorosos de toda aquela história ridícula, quando eu voltasse da conferência. Ou podia entregar o ocorrido para Deus e lhe pedir força e poder para dizer palavras brandas. Uma decisão difícil, mas eu tinha consciência de que, se escolhesse a raiva, o resultado seria penoso, mesmo se eu tivesse razão — coisa que com certeza tinha.

Esse jeito de sair vencedora de repente não me pareceu grande vitória. Por isso, em uma guinada, fiz uma oração rápida e irritada: "Senhor, estou entregando tudo isso que aconteceu. O Senhor conhece o meu coração e sei que me ama, portanto deposito essa história a seus pés. Entrego Dave ao Senhor mais uma vez. Ajude-me a ser a esposa que tenho de ser porque, neste instante, minha única vontade é machucá-lo".

A essa altura, Dave saíra da loja e acabara de substituir a lâmpada do farol. Aproximou-se então da minha janela e disse:

— Eu sinto muito, muito mesmo. Você está bem? — Deu para perceber que já esperava o impacto da minha explosão, que seria muito justa.

Parecia, porém, que Deus honrara minha oração frustrada porque, para minha surpresa, respondi apenas:

— Querido, eu estou ótima. — E, com essas quatro palavrinhas brandas, um conflito que poderia ter atingido proporções épicas foi desarmado.

Sim, tempos depois falamos tudo que tínhamos entalado um para o outro, até esgotarmos o assunto, depois que voltei da conferência. Claro que havia problemas de comunicação e execução que precisávamos tratar e sobre os quais estabelecer novos acordos, mas a situação não ficou pairando sobre nós durante o fim de semana feito uma nuvem tóxica.

Às vezes, o uso de palavras brandas consegue impedir que um dique rompido leve seu casamento à completa inundação. Provérbios expressa isso melhor: "Começar uma discussão é como abrir brecha num dique; por isso resolva a questão antes que surja a contenda" (17.14).

O poder da língua

Quer você se dê conta desse fato quer não, suas palavras detêm um poder incrível: "A língua tem poder sobre a vida e sobre a morte [...]" (Provérbios 18.21). A Bíblia também nos ensina: "Nenhuma palavra torpe saia da boca de vocês, mas apenas a que for útil para edificar os outros, conforme a necessidade, para que conceda graça aos que a ouvem" (Efésios 4.29).

As palavras são os tijolos do casamento — para o bem e para o mal. Podem ser atirados pela janela sob o risco de fazer alguém parar no hospital, ou ser usados com sabedoria para edificar um refúgio seguro onde a alegria e a segurança cerquem o casamento por todos os lados. Com suas palavras, você tem o poder de dilacerar seu cônjuge ou de lhe dar vida, coragem e graça.

Lembra-se da história do primeiro ano do nosso casamento, quando eu disse para Dave: "Casar-me com você foi o maior erro da minha vida"? Na realidade, o maior erro da minha vida foi lhe dirigir essas palavras. Já imaginou como deve ter sido devastador para ele ouvir isso da jovem esposa?

Esse tijolo em especial era perigoso, mas Dave também atirou sua cota deles pela minha janela. Sendo assim, a experiência nos levou a instituir uma regra: prometemos nunca ameaçar um ao outro com o divórcio. Ele não faria parte do nosso vocabulário.

Temos honrado essa regra ao longo dos anos, mas devo confessar que é difícil agir assim nos momentos mais acalorados. Mas essa é a ideia — tomáramos a decisão antes que as faíscas começassem a voar, a fim de não pormos a casa abaixo com palavras de fúria.

Outra maneira de se ajudar a proferir palavras brandas no meio de um conflito importante é optando por *acreditar no melhor um do outro em vez de presumir o pior*. Como a dor ou a insegurança extrema conseguem obscurecer nossas convicções espirituais, a raiva ofusca nossa fé na pessoa de quem estamos com raiva. Ela deixa de se parecer com a noiva ou o noivo amado da nossa juventude e começa a adquirir o aspecto de Mike Wazowiski, o monstrinho verde de um olho só de Monstros S.A. — sem o charme e a inteligência de Billy Cristal, o ator que lhe empresta a voz original.

Lembre-se *agora* de dizer para si mesmo *depois* que a linda pessoa de dois olhos com quem você se casou continua em algum lugar dentro desse ser à sua frente, embora seus melhores traços talvez tenham sido eclipsados pela raiva e pelo conflito que vocês estão vivendo hoje. Se parar de acreditar em quem ela é, você deixará de tratá-la pelo que ela é de fato.

Pode ser que você tenha de cavar fundo para trazer de volta à luz do dia a porção do seu cônjuge que um dia considerou digna de celebração e afeto. O apóstolo Paulo nos induz a adotarmos essa atitude exata: "Finalmente, irmãos, tudo o que for verdadeiro, tudo o que for nobre, tudo o que for correto, tudo o que for puro, tudo o que for amável, tudo o que for de boa fama, se houver algo de excelente ou digno de louvor, pensem nessas coisas" (Filipenses 4.8).

Incentivo você a reler esse versículo algumas vezes. Em seguida, pegue caneta e papel e anote tudo que seu cônjuge tem de verdadeiro, nobre, amável e de boa fama. De novo, faça dessa uma lista de coisas que você sempre acreditou acerca dele, não só das descobertas recentes que fez em momentos de adversidade e que contaminaram seu ponto de vista e o desiludiram.

A probabilidade é grande de que, no fim, você tenha uma relação bem impressionante nas mãos. Releia então do começo ao fim essa lista de verdades acerca do seu cônjuge, deixando sua mente se demorar em cada uma delas. O exercício simples pode suavizar sua atitude e talvez até contribuir com algum *insight* para seu conflito atual.

Em geral, pensar de maneira diferente leva a respostas mais brandas que afastam o furor.

Perdoem-se um ao outro

Paulo não poupa nada nem ninguém quando trata das atitudes práticas que deveríamos tomar ao enfrentar um conflito: "Livrem-se de toda amargura, indignação e ira, gritaria e calúnia, bem como de toda maldade. Sejam bondosos e compassivos uns para com os outros, perdoando-se mutuamente, assim como Deus os perdoou em Cristo" (Efésios 4.31,32).

São dois lados iguais e opostos dessa equação. Um elemento crítico para a proatividade na solução de conflitos consiste em pedir o perdão daqueles para quem você fez mal. Isso é fundamental — e quem não se dispõe a enxergar o próprio erro e pedir perdão por ele será sempre incapacitado pelo conflito.

Mas o outro lado da moeda é igualmente verdadeiro. Se você foi ferido, também deve praticar o perdão — "assim como Deus os perdoou em Cristo". Trata-se de um mandamento, não de sugestão. Se foi perdoado por Cristo, você recebe a ordem de perdoar as pessoas.

As palavras de Paulo sem dúvida não falam de vingança, embora essa seja uma reação humana normal quando somos injustiçados. Queremos dar o troco! Vamos ao cinema e aplaudimos quando o mocinho se vinga dos bandidos que o feriram. Mas aqui não se trata de filme, nem somos "mocinhos" no sentido de que fazemos coisas boas. Somos "mocinhos" porque transformados em nosso coração e declarados como tais, uma vez que Jesus fez todo o trabalho em nosso lugar — e sua principal obra é o perdão daqueles cujas decisões acabaram por matá-lo. Somos aqueles cujo pecado o matou. Somos aqueles a quem ele perdoou. Somos os *mocinhos* só porque ele é o *bom Deus*, e a primeira ordem para o bem que recebemos dele reflete o primeiro gesto de bondade dele — o ato do perdão.

Perdoar quer dizer libertar o ofensor da obrigação de restituir uma dívida. Em geral, não queremos libertar nosso ofensor; gostamos de ter o que chamo de "gaveta dos ressentimentos". Guardamos ressentimentos por anos, deixando que a amargura vá endurecendo sem parar o nosso coração. Até que, um dia, percebemos que isso não é vida. Esse tipo de existência não está nos fazendo felizes. Só não sabemos que atitude tomar porque as camadas de matéria endurecida têm anos de profundidade. Lembre-se da história de Dave e o pai do capítulo 7. Só depois de perdoar o pai, Dave foi liberto da raiva de décadas profundamente arraigada.

Rendição a Deus

O último dos nossos princípios para a solução de conflitos na verdade deveria ser o primeiro. O problema é que muitas vezes não conseguimos dar ouvidos a esse princípio em particular porque o ignoramos imaginando-o algo hiperespiritual que só pastores e supercristãos põem em prática na vida real.

Mas agora que descemos até as origens dos conflitos e aos papéis que desempenhamos neles, talvez nosso coração consiga ouvir isso. Além do mais, se tentar aplicar tudo que mencionamos até agora, mas não dominar esse ponto, você ficará sem nada do mesmo jeito. Trata-se do elemento-chave da questão: só verticalizando e entregando sua vida diariamente a Cristo você encontrará a capacidade para solucionar conflitos com seu cônjuge.

Essa entrega, ou rendição, não é um ato religioso, mas um gesto de absoluta franqueza para com Deus. Se só tiver palavras amargas e furiosas para apresentar à mesa de negociação, você conseguirá ser sincero e corajoso o suficiente para falar com Deus como se sente de fato, não como acha que ele quer que você se sinta? Vou contar uma novidade: ele não vai corar diante de suas palavras embebidas de raiva; já as ouve em seu coração, de qualquer forma. Você consegue abandonar a vontade pessoal de vencer a fim de que, em seu lugar, o casamento saia vencedor? É capaz de apresentar o seu pior e confiar na promessa de Deus de trocá-lo pelo melhor que ele tem a oferecer?

Render-se é a sinceridade com Deus que leva à renúncia aos próprios planos e direitos por causa da convicção de que Deus tem para nós algo muito melhor do que temos para nós mesmos — ainda que precisemos perder (ou entregar) para experimentá-lo.

Você pode se sentir totalmente incapaz de usar palavras brandas em um conflito, de ouvir de verdade, de falar a verdade em amor, de avançar rumo à solução, de perdoar — ou de fazer tudo isso dia após dia, semana após semana, ano após ano. Que tarefa tremenda, aterradora até — pôr em prática os votos que você fez no dia do casamento. Impossível.

Acontece que *Deus pode nos conceder o poder de fazermos o que parece impossível.* A rendição na verdade tem tudo a ver com poder. Quando desistimos de tentar viver por nossa força, Deus vem ao nosso encontro nesse ponto exato e oferece um poder muito além de tudo que poderíamos acumular por nós mesmos. Lembre-se, é ele quem ressuscita o que está morto, não você. Ele tem como dar a cada um de nós um poder sobrenatural.

A necessidade de rendição é o fio trançado em todas as histórias que contamos neste livro até aqui. Muitas vezes me envolvi em conflitos em que me descobri incapaz de avançar, a menos que me sujeitasse à rendição — e geralmente isso se deu em forma de oração e entrega de tudo a Deus. Nada positivo ou transformador acontece enquanto não chego ao ponto em que convido o Senhor para entrar no conflito, dizendo: "Deus, quero que o Senhor faça parte deste relacionamento, deste conflito, e que assuma o controle da minha vida. Não tenho capacidade para alcançar a solução sozinha. Não consigo me livrar da minha raiva. Não consigo me livrar do meu ressentimento e amargura".

Ouço-o responder pelo sussurro de suas Escrituras, do seu povo ou, de vez em quando, de um sussurro em meu coração. No entanto, sempre que me rendo, Deus é gracioso ao me lembrar: "Sei que você não consegue. Mas eu consigo". O que acontece em seguida é extraordinário; como se uma porta se abrisse para a obra do Espírito Santo em meu coração antes amargurado e raivoso.

O centro do conflito é um lugar horroroso onde estar. Enquanto o ocupamos, com grande frequência concentramo-nos no que o *outro* faz errado, como se instintivamente acreditássemos que o conflito desaparecerá de alguma forma se *ele* se arrepender e mudar. Todavia, a *sua* rendição a Deus exige que *você* se humilhe, não seu cônjuge. A única humilhação em relação à qual você pode fazer alguma coisa é a própria, por isso a pergunta: está disposto a se humilhar diante dele primeiro, de modo que também possa se humilhar diante dos outros?

Se sim, creia-me, será uma doce rendição.

O fruto do nosso trabalho

Solução de conflitos é uma competência que devemos praticar mais e mais vezes, como ao aperfeiçoarmos uma tacada no golfe. Talvez a perfeição não seja possível, mas o progresso, sim. Lembra-se da história da minha briga com CJ quando ele tinha 13 anos? Avance rápido dez anos.

Uma noite, entrei na sala de estar e acendi as luzes para encontrar CJ (com 23 anos agora) sentado no escuro. Ao lado dele, mas na extremidade oposta do sofá, estava Robin, sua linda noiva. Desculpei-me por interrompê-los e saí da sala.

Na manhã seguinte, perguntei a CJ porque tinham ficado sentados no escuro sem se falar. Com pouco caso, ele respondeu:

— Oh, estávamos no meio de uma briga, tentando resolver as coisas.

— Mas não ouvi vocês falando nem gritando — deixei escapar, confusa.

Ele não pareceu surpreso com meu comentário. Disse apenas que eles tinham se alternado informando um ao outro o que cada um sentia e por que estava irritado. Mas, antes que o outro respondesse, primeiro reservavam algum tempo para pensar na melhor maneira de transmitir o que queriam, a fim de serem muito bem compreendidos e recebidos.

Para ser franca, não me lembro se cheguei a dizer mais alguma coisa a CJ. Em vez disso, subi as escadas correndo à procura de Dave.

— Querido — gritei —, um milagre aconteceu. Nossos filhos são muito melhores em solução de conflitos do que nós!

O fruto do nosso trabalho conjugal — manter os braços estendidos um para o outro, conversar, ouvir, perdoar e, acima de tudo, orar — nunca tivera um gosto tão doce.

Capítulo 10
"Só ouço vaia!"

Um dia, eu (Ann) me estressei bastante quebrando a cabeça para encontrar tempo de preparar a palestra que apresentaria para a associação de Mães de crianças em idade pré-escolar —MOPS, em inglês. Faltavam apenas dois dias para o encontro. Com três menininhos correndo pela casa, jogando para todo lado tudo que encontravam pela frente, o que deveria ser uma tarefa simples e agradável parecia impossível.

O copo d'água se transformara em nada menos que uma tempestade.

Foi quando me deu um estalo — ou melhor, tive uma ideia. (Estalo mesmo eu ouvi cada vez que um dos vários projéteis lançados pelos garotos me atingia.) Era uma ideia recorrente: *tudo seria bem mais fácil se Dave não estivesse tão ocupado e pudesse me ajudar mais. Sério mesmo, por que ele precisa ter três empregos, afinal de contas?* Ele costumava dizer que era pelo reforço financeiro, mas, para ser franca, de vez em quando eu tinha a impressão de que ele só usava seus muitos compromissos como desculpa para poder sair de casa — e fugir da loucura em que vivíamos na época.

Emperrada daquele jeito, eu precisava da ajuda dele — e foi quando de repente tive uma ideia. Convidar Dave para ir comigo! De modo que telefonei para ele e disse:

— Ei, amor, o que você acha da ideia de apresentar comigo a palestra para as mulheres do MOPS na terça-feira? Elas vão *amar* se meu marido estiver ao meu lado conversando um pouco sobre casamento. Aposto como a perspectiva de um homem é exatamente do que elas precisam!

— Claro! Se houver espaço na minha agenda, ficarei feliz em acompanhar você.

O estresse evaporou na mesma hora e dei um grande suspiro de alívio. Embora estivesse chateada com ele, é sempre *muito* mais fácil — e, para ser franca, bem mais divertido — falar ao lado de Dave do que sozinha. E assim ficou combinado.

Só que não.

A manhã da terça-feira chegou, e, enquanto ainda nos aprontávamos e despachávamos os meninos rumo à escola, senti a velha pontada de decepção. Era a mesma história de sempre. *Por que tenho de me encarregar de tudo por aqui? Dave quase não ajuda em nada. Ele nem conhece a rotina ou o que precisa ser feito!* Esse monólogo interior já se tornara um padrão habitual secreto — tanto que me queixava mentalmente com a mesma familiaridade com que escovava os dentes ou me vestia. Àquela altura, reclamar era coisa que eu fazia sem nem pensar a respeito.

No entanto, lá íamos os dois falar sobre o tema do casamento saudável. *Poxa! O que eu vou dizer?* Na verdade, eu me considerava a responsável por fazer *tudo* em nosso casamento! Se Dave ajudasse mais, ou ao menos ouvisse um pouco mais, seríamos um casal maravilhoso, tinha certeza disso. Como você pode imaginar, *não* era esse o tipo de pensamento que gostaria de compartilhar com as mulheres. Que incentivo poderia lhes dar?

Chegamos ao local do evento, e a sala começou a se encher de mulheres. Pelo dinamismo delas, percebi que estavam animadas para ouvir nossos *insights* sobre casamento. Deviam achar que éramos especialistas no assunto, uma vez que escrevêramos e apresentáramos diversas séries sobre ele na igreja. Sem contar todas as conferências de fim de semana em que faláramos sobre casamento pelo país afora.

Elas não faziam ideia do que de fato estava acontecendo — para ser franca, nem eu.

Abrimos os trabalhos com algumas observações introdutórias, e então Dave começou! Ele falava com entusiasmo e vigor. Pôs-se a compartilhar coisas que nunca o ouvira dizer antes. Por algum motivo, parecia mais empolgado que o normal ao expressar suas ideias, tanto que se tinha a impressão de que as palavras não eram projetadas rápido o suficiente de sua boca.

Quando a palestra começou, estávamos os dois sentados em banquinhos um ao lado do outro, mas não demorou muito para Dave se levantar e caminhar de um lado para o outro a fim de transmitir com mais paixão suas ideias. A sala inteira estava fascinada — incluindo eu, para ser sincera. Apesar de todos os nossos problemas, concentrei-me por completo no que ele falava às jovens mães.

— Mulheres — disse ele, certeiro —, não sei se vocês percebem, mas houve um tempo em que o marido de vocês, ao menos grande parte deles, era incentivado e aplaudido pelo que fazia. Na maior parte das vezes, os meninos têm mães ou pais a encorajá-los: "Bom trabalho, meu filho!".

— Calou-se um rápido instante, mas continuou:

— À medida que ficamos mais velhos e começamos a descobrir aquilo em que somos bons, de novo tem sempre alguém por perto — um professor ou um treinador — incentivando e aplaudindo: "Bom trabalho!".

Enquanto dava sequência a seu discurso, Dave batia palmas sempre que repetia as palavras "bom trabalho".

— Joguei como *quarterback* na faculdade — prosseguiu —, de modo que todo fim de semana havia pessoas no estádio aplaudindo o time e a mim! "Bom trabalho! Você é o cara!", diziam.

Mais uma vez, ele bateu palmas com entusiasmo ao dizer "bom trabalho".

— Quando conheci Ann, em linhas gerais, foi como se ela dissesse: "De todos os homens do mundo, eu escolhi você, Dave Wilson! Você é o cara!".

Lá estavam as palmas inflamadas de Dave. Enquanto isso, sentada no meu banquinho, pensei: *Meu, esse material é bom! Nunca o ouvi dizer nada parecido.*

Contudo, minha admiração foi um pouco prematura. De repente, Dave mudou o tom de voz, e o entusiasmo desapareceu da sua voz. Devagar e pausadamente, ele pronunciou palavras de que jamais me esquecerei.

— Então nós nos casamos. — Outra pausa, agora como se acabasse de dar más notícias. — Depois de um longo dia, entramos em casa e tudo que ouvimos é: "*Buuu*! Fora! *Buuu*!".

As mulheres presentes começaram a dar risadinhas acanhadas. Eu fiquei chocada. Dave, por sua vez, parecia nada mais, nada menos que um imbecil ao se virar para mim e, sem perder o ritmo do discurso motivacional, lançar na minha direção o último "Buuu!" com as mãos em concha ao redor dos lábios formando uma espécie de megafone. Quando ele fez isso, nossos olhares se encontraram. Pude então perceber, pelo aspecto do seu rosto, que pela primeira vez naquela experiência extracorpórea seu cérebro estava funcionando de verdade. Quase consegui ouvir, de onde estava, seu monólogo interior: *Ah, droga, acho que eu deveria ter conversado sobre isso com Ann primeiro.*

Acha mesmo?

Além do meu constrangimento extremo naquele instante, perguntei-me de verdade sobre o que seria que Dave estava falando. Com tanto tempo de casados, ele nunca dissera nada parecido. Desnecessário dizer que quinze anos é um tempo longo demais para que algo dessa magnitude permaneça sem ser compartilhado.

Não estou brincando quando digo que não me lembro como terminamos a palestra com aquelas mulheres. Tive um branco... e um ataque cardíaco também, com certeza. Mas me lembro em minúcias nossa viagem de volta para casa.

— Afinal, o que foi que ocorreu com você naquele lugar? É daquele jeito mesmo que você se sente? Acha que vaio você o tempo todo?

Dave se mostrou tão chocado quanto eu.

— Para ser muito sincero — explicou ele —, não faço *ideia* de onde tirei isso. Apenas comecei a falar e, enquanto falava, percebi que é exatamente assim que tenho me sentido.

Ao mesmo tempo magoada e ofendida, tratei logo de lhe desferir o contragolpe:

— Mas se estou tentando *ajudar* você! Sou a pessoa que conhece você de verdade, que enxerga tudo que você tem de bom e de ruim. Quero ajudar você a ser melhor!

Dave não se alterou:

— A impressão que tenho não é de ajuda — retrucou baixinho —, mas de vaia constante. Tenho a sensação de ser incapaz de fazer alguma coisa certa. Você critica tudo que faço e me lembra de tudo que não estou fazendo e que deveria fazer — droga, até do que outros maridos estão fazendo. — Ele parou um instante para pesar bem se queria dizer o que vinha em seguida na sua fila mental. — Quem quer voltar para casa para isso?

O silêncio encheu o carro e pairou sobre nós como névoa pelo resto do percurso até em casa. Minha cabeça fervilhava. *Dave está certo? Só faço vaiá-lo o tempo todo?* Eu oscilava entre me sentir mal e justificada.

Ele precisa que eu lhe diga a verdade, raciocinei sem dizer nada. *Estou contribuindo para que melhore. Na verdade, estou contribuindo com o Espírito Santo, já que Dave vive ocupado demais, provavelmente até para ouvir a voz de Deus!*

Essa última não calou tão bem dentro de mim, confesso — a ideia ainda se materializava e já percebi que o Espírito me convencia de um pecado. *Argh!* Graças a Deus entramos com o carro na garagem de casa, e todo aquele estranho episódio chegou ao fim — pelo menos foi o que eu pensei.

"Torça por ele"

Acabei descobrindo que o problema não estava resolvido. O denso nevoeiro não se dissipara. Nos próximos dias, não consegui tirar a seguinte pergunta da cabeça: *Eu vaio mesmo o Dave?*

A sequência de golpes e contragolpes que se passava dentro do meu raciocínio estava longe de uma solução pacífica. Na verdade, mal chegara ao segundo *round* — e eu não fazia ideia de quanto seriam naquela briga.

Mas, em algum lugar da minha confusa peleja mental, comecei a refletir de fato na acusação de Dave. Perguntei-me como seria se o aplaudisse o tempo todo — sabe como é, dizendo-lhe que ele era maravilhoso o tempo todo e coisas desse tipo. A resposta veio rápido e claramente: não daria certo. Imagine só. Se eu fizesse isso, Dave acharia que eu vivia feliz com o jeito de ser tratada por ele, especificamente em relação à ajuda que ele prestava em casa e a seu papel como pai.

No entanto, pensando melhor meu modo de pensar (sim, isso mesmo que você ouviu) tudo aquilo, notei um detalhe pela primeira vez. Eu soava mais como sua chefe — com Dave tendo de se reportar diretamente a mim e sendo minha função avaliar-lhe o desempenho — do que como sua esposa. Enfim começava a compreender o que ele queria dizer.

Mas, de novo, ponderei que, se não lhe criticasse o desempenho, ele me consideraria satisfeita, e assim eu lhe estaria permitindo que continuasse onde estava em vez de crescer para se tornar o marido e o pai que precisava ser. E isso não seria bom, certo?

Isso continuou vários dias, até que senti Deus cutucando-me o coração. Por mais que me recusasse a admiti-lo, sabia que ele me chamava para lhe render a situação — entregando minhas preocupações, temores e desapontamentos. Dava para ver que Deus queria que eu *lhe* perguntasse o que ele queria que eu fizesse. Talvez você se identifique com minha relutância em ceder — eu experimentava a conhecida sensação de não querer perguntar a Deus por medo do que ele me respondesse. A verdade era que não queria me converter em capacho. Ou perder o direito de ter voz ativa. Ou me sentir uma mulher passiva, sem vontade própria — do tipo de quem se tira vantagem com facilidade.

Mas afinal, tendo esgotado meus esforços, sucumbi e deixei Deus ganhar a partida. Sentei-me à sua frente e reclamei. Disse-lhe tudo que estava sentindo. Compartilhei todos os meus temores e então perguntei o que ele desejava que eu fizesse.

Não demorou muito para eu sentir uma voz baixa e tranquila, em algum lugar no fundo da minha alma: "Torça por ele".

Não me orgulho da minha reação inicial, mas, de qualquer forma, ela seguiu mais ou menos na linha de um *"Blá, blá, blá — claro que isso não é Deus falando!"*. Em geral, quem não está habituado a esse tipo de experiência demonstra ter coragem correndo como por instinto para o perigo. Minha reação inicial também demonstrava alguma coisa... mas o quê? Qual o problema mais profundo que me impedia de louvar e aplaudir Dave? Por que me tornara tão controladora?

Mais uma vez, senti o Espírito Santo me cutucando para prestar atenção nos meus pensamentos, bem como nas palavras que saíam pela minha boca — e, especificando ainda mais, nas palavras que eu *não* planejava proferir ou que eu não estava medindo meticulosamente a fim de maximizar o impacto.

Assim, na semana seguinte, vigiei bem de perto o que pensava sobre Dave — pensava *de verdade*. Vou dizer uma coisa, deparei com pensamentos nem um pouco apresentáveis.

Até mentalmente eu o importunava o tempo todo.

Comparava sem parar minha vida dura com a moleza da vida dele — sempre remoendo tudo de que eu abrira mão e tudo que vinha fazendo, enquanto *ele* não abrira mão de nada e fazia bem pouco. Na maioria dos aspectos, eu achava que a vida dele era a coisa mais fácil do mundo.

Entrando em sintonia mais objetiva com minha estação de rádio mental, descobri que Dave na verdade tinha razão em pelo menos uma coisa: eu costumava compará-lo mesmo a outros maridos que pareciam mais românticos ou mais afinados com as necessidades da esposa. Isso devia ser devastador para ele. Para ser bem sincera, fiquei chocada com a negatividade do meu próprio padrão mental. Pensar dessa maneira se convertera em um hábito tão arraigado que "O que Dave tem de negativo" passara a ser minha nova regra — o sinal de conexão da estação de rádio da minha mente. *Você está ouvindo a rádio OQDTN. Pensamentos ruins sobre Dave... 24 horas por dia.*

Como a primeira parte começara com a avaliação da vida que acontecia dentro da minha cabeça, era hora de passar para a segunda parte: monitorar as coisas que de fato saíam da minha boca. Depois de um exame atento, descobri que minhas palavras não eram tão maldosas assim. Eu as classificaria mais como uma importunação sofisticada.

Há quem prefira chamar de mandioca; eu gosto mais de aipim.

"Por que não conseguimos manter um devocional em família como tanta gente faz?"

Buuu!

"De novo você não estará em casa para pôr os meninos para dormir e orar com eles?"

Buuu!

"Você não trocou o óleo, ou não consertou o carro, ou aparou a grama, ou não pôs o lixo para fora... outra vez? Ótimo! Deixa que cuido disso... de novo!"

Duas vezes *buuu*!

Esse era o nosso diálogo permanente sobre quase tudo. Mas a pior parte foi ter ficado evidente que raras vezes eu elogiava Dave ou lhe agradecia por algum motivo. Eu não era um monstro; apenas pensava: *Isso é trabalho dele, então por que deveria lhe agradecer? Faço tudo que faço sem que ninguém me diga obrigado.*

Uau... Nunca me dei conta de que desenvolvera tamanho complexo de mártir. Um desastre! Senti vergonha de mim mesma. Conhecia a matéria e dava aulas sobre ela, contudo não percebera em que fora me meter. Diz a Bíblia: "O ladrão vem apenas para roubar, matar e destruir; eu vim para que tenham vida e a tenham plenamente" (João 10.10). De alguma forma — sutil e vagarosa — dei lugar para que Satanás se intrometesse sorrateiro em meu casamento, e agora ele tentava roubar, matar e destruir nossa família.

Contudo, apesar da presença desse inimigo, eu precisava confessar minha culpa no processo. E tinha de deixar que Deus cuidasse de Dave. A mim, tocava o papel de *respeitar* meu marido! Sabia disso e ensinava sobre o assunto com base no capítulo 5 de Efésios, no qual Paulo convida as esposas a respeitarem o marido. Não me dera conta de que não estava aplicando essa verdade — nem uma *gota* dela — em nossa casa.

Era hora de mudar — por isso orei. "Deus, meu Pai, perdoe-me! Não tenho respeitado Dave; na verdade, vivo a importuná-lo e criticá-lo em vez de torcer por ele. Agora entrego ao senhor meu casamento e minha vida. Peço que o Senhor me ajude a enxergar Dave como o Senhor o vê. Abro mão da necessidade de controlar tudo, que me leva a tentar mudá-lo. Peço que o Senhor me dê poder por meio do seu Espírito Santo para torcer por Dave e valorizá-lo, mesmo quando não sentir vontade

— mesmo quando achar que ele não merece. Estou pedindo que Dave saiba quanto o Senhor o ama pela maneira com que o trato. Só posso fazer isso com sua ajuda, Pai! Amém".

Começou com uma oração simples, mas não terminou com ela.

Um processo de transformação

Continuei tratando da questão passando tempo com Deus todos os dias, pedindo sua ajuda e que *me* transformasse! Começou devagar; com certeza não mudei da noite para o dia. Mas um passo por vez no início, Deus foi implantando um processo de transformação em mim. No início, eu apenas agradecia a Dave pelas coisas que ele fazia — treinar os times dos meninos, esvaziar a lava-louça (mesmo que eu tivesse de pedir primeiro), limpar, aparar a grama etc. — e sim, para minha surpresa e assombro, havia numerosas coisas que Dave fazia para merecer esse "etc.". Quem haveria de imaginar?

Uma noite, poucos meses depois, pus a comida na mesa enquanto nos preparávamos para orar. Nossos três filhos estavam famintos, mas mesmo assim fiz que esperassem alguns instantes. Eu precisava lhes dizer algo muito importante.

— Pessoal, antes de orarmos e comermos, quero parar um minuto e agradecer ao papai por trabalhar tanto, todos os dias, para nos proporcionar esta refeição — e cada refeição que acontece nesta casa. Nós lhe devemos ser gratos por se esforçar tanto para nos dar tudo que temos. — Voltei-me então para Dave e continuei: — É fácil subestimar seu trabalho duro. Obrigada, querido!

O rosto de Dave ficou radiante enquanto compartilhávamos aquele momento. E os meninos? Nem tanto. Só perguntaram se já podiam comer, sem reconhecer ou se importar com aquela memorável demonstração de respeito. Mais tarde, naquela mesma noite, Dave contou que minhas palavras tinham sido a melhor coisa que lhe acontecera a semana inteira. *Como?* Umas míseras palavras ditas em menos de um minuto? Sério mesmo?

Sim, sério mesmo... Só o que ele ouviu naquele momento foi nosso aplauso.

Assim que comecei a torcer por ele em vez de vaiá-lo, notei que Dave ficou meio incrédulo, como se dissesse: "*O que você está aprontando?*". Mas o que a princípio pode ter parecido forçado ou insincero logo se transformou em hábito. Agora eu era sincera ao procurar coisas positivas que ele fazia — coisas em que pudesse incentivá-lo de coração.

Com o tempo, constatei que minha importunação não se voltava contra Dave apenas; eu vivia importunando nossos três filhos também. Talvez achasse que a crítica fosse uma boa estratégia de ensino... Quem sabe? Fosse como fosse, estabeleci a mesma missão em relação a todos eles: observar-lhes as atitudes e características de personalidade positivas e elogiá-los e agradecer-lhes mais do que nunca.

Não se tratava apenas de disciplinas externas; comecei a ver Deus transformar o meu interior. Meu coração rabugento e descontente começava a se abrandar. A alegria aos poucos foi afastando minha insatisfação. A paz começou a se imiscuir em mim à medida que minha raiva e amargura retrocediam. Encontrei nova gratidão em minha posição de influência como mulher, e nossa casa mudou — porque Deus estava *me* transformando! Encorajamento e gratidão estavam se tornando traços comuns em nossa família.

E não, eu não perdi minha voz ativa. Pelo contrário, apresentava minhas queixas diante de Deus primeiro e lhe pedia que me ajudasse a abrir o coração e a mente de forma que Dave conseguisse me ouvir de verdade — de forma tal que não se sentisse oprimido com as vaias constantes. Com certeza não parei de ensinar e treinar nossos filhos. A mudança foi simples: palavras positivas de afirmação fluíam em abundância, de modo que, quando havia a necessidade de compartilhar palavras negativas, elas podiam ser ouvidas de fato — com facilidade um pouco maior.

Mulheres, temos muito poder! Nossas palavras têm o poder de produzir vida e morte. Quero ser o tipo de mulher cuja volta para casa a família mal consegue esperar. Fora de casa, nosso marido, nossos filhos e amigos são bombardeados pela negatividade. Podemos ser quem lhes mantém as velas enfunadas e lhes traga alegria. Como diz Dave: "Todo homem vai aonde ele é aplaudido!". Quero que meu homem venha para casa.

A maior líder da minha torcida

Eu (Dave) adoraria acrescentar meu ponto de vista sobre como as vaias de Ann dirigidas contra mim ao longo dos anos têm sido completamente transformadas. A primeira vez que conversei com ela, décadas atrás, dizendo que me sentia vaiado em casa, eu falava sério. Sentia-me respeitado em várias áreas diferentes da vida, mas não em casa, e não por Ann.

No início, foi difícil para ela conhecer meus sentimentos, tanto que brigamos por causa deles durante um bom tempo. Mas só posso dizer que agora ela é minha maior torcedora. Sinto-me respeitado e aplaudido por ela todos os dias e com sinceridade. E quando volto para casa e a encontro usando sua roupa de líder de torcida (com um grande "D" no peito), meu Deus, como isso me faz bem!

Falando sério agora, eu adoraria dizer às esposas que quando vocês dirigem palavras de vida e respeito a nós, homens, somos transformados para melhor. Anos atrás, a atitude e as palavras de Ann para comigo mudaram da água para o vinho. Ela costumava me importunar e criticar por quase tudo que eu fazia — e havia razões legítimas para isso. Mas o ponto principal era que eu nunca conseguia satisfazê-la. Percebia que sempre a desapontava.

Sabia que Ann me amava, achando ao mesmo tempo que ela não *gostava* de mim de verdade. Todavia, poucos meses depois daquele "*Buuu!*" no meio de uma palestra, ela passou a me tratar diferente. De repente me incentivava e agradecia por quem eu era e pelo que fazia por ela e pelos meninos. Proferia palavras de vida que me transformaram.

Sendo bem específico, ela agora era capaz de dizer: "Sabe, você é um bom homem e um excelente marido". Diante do que eu ficava pensando: *Não, não sou não*. Mas seu encorajamento contínuo me fez desejar ser o homem que ela afirmava que eu era, mesmo sabendo que ainda não chegara lá. Definitivamente ainda não era o homem que ela dizia que eu era, mas, em razão de suas palavras, cresci para me tornar alguém mais parecido com o homem que ela afirmava que eu era... E tenho certeza de que tudo isso faz perfeito sentido!

As palavras da esposa têm poder sobre o marido. Atitudes e palavras negativas de vaia não motivam os homens, mesmo que eles as mereçam. Não estou dizendo que nunca podemos ouvir uma crítica ou correção, pois isso faz parte da comunicação sadia em um casamento. Refiro-me mais ao tom das conversas em geral que permeia a relação.

Os homens são motivados e dotados de poder para mudar pelo aplauso e pelo respeito de seu valor pessoal como o homem da casa, sem que isso tenha a ver com seus deveres. Esse valor é algo que a maioria dos homens questiona e sobre o qual se sentem inseguros. Respeitar seu marido não significa ignorar-lhe os defeitos óbvios ou sua necessidade de progredir; significa reconhecer seu valor e potencial enquanto ele luta para refleti-los ou viver à altura deles.

Sei que nem sempre faz sentido, mas faça a experiência e veja o que acontece. Juro que vaias e críticas inclementes não funcionam. Por que não testar o respeito como Deus pretende que ele seja e ver até onde ele consegue chegar? Pode ser que você ganhe um marido novo dentro de um ano — ou talvez até de um mês! Ainda mais se você vestir a fantasia de líder de torcida...

Perdão, não pude evitar.

Capítulo 11

O anseio de toda mulher

Lá estava eu (Dave), parado na frente da igreja entre um culto e outro de uma manhã de domingo. Parecia que o dia seria maravilhoso, uma vez que já tivéramos cultos incríveis em dois auditórios abarrotados. Quando se é pastor, domingos como esse animam a gente. E o melhor da história é que ainda não terminara; havia mais um culto para acontecer. Na verdade, sentia-me tão bem que erguia a mão e pedia "Toca aqui" ao cumprimentar as pessoas que chegavam para o último culto do dia. Além do mais, já antevia com grande entusiasmo o que aconteceria quando voltasse para casa...

Logo, logo eu estaria tirando um belo cochilo.

Mas a visão que tive do êxtase em forma de sono se mostrou prematura.

Eu já ia voltando para o interior do auditório quando olhei na direção do estacionamento a tempo de ver minha adorável Ann chegando em seu carro. Parecia que ela recebera a bandeirada inicial das 500 Milhas de Indianápolis. Não estou brincando quando digo que Ann arrancava fumaça do pneu do carro, tal a velocidade em que dirigia. Fiquei meio assustado.

Mas meu alarme interno passou a soar bem mais alto quando percebi para onde ela estava se dirigindo: uma vaga no estacionamento junto à porta da frente da igreja. Tamanho achado era raro e valioso naquele lugar — o pote de ouro no fim do arco-íris. Como uma dublê em *Velozes e furiosos*, Ann fez o carro girar e derrapar em perfeita sincronia, indo parar dentro da vaga cobiçada. Vin Diesel ficaria orgulhoso.

Instantes depois, Ann despontou do interior do carro acompanhada de dois dos nossos filhos, Austin e Cody. Viu-me quando caminhava para a porta e abriu-se em um sorriso de orelha a orelha, evidentemente se sentindo ótima com a vaga que encontrara. Afinal, era a melhor do lugar.

— Oi, querido! — saudou-me ainda mantendo o sorriso largo. — Veja só a vaga que Deus me deu hoje!

Fechei a cara e grunhi:

— Tire o carro dali agora.

Ela se deteve de repente, desconcertada com minha ordem seca. Então se apressou a retrucar:

— Não vou tirar meu carro. Deus me deu aquela vaga.

— Deus não deu vaga nenhuma. Tire o carro agora ou eu faço isso.

Era evidente que eu *não* estava no meu melhor estado de espírito. Tenha em mente que, enquanto travávamos essa discussão mais que desagradável, eu continuava dando as boas-vindas às pessoas da nossa igreja, com o sorriso mais falso que já existiu. Fui ficando cada vez mais inflamado. Por fim me virei para um dos meus filhos e ordenei:

— Austin, pegue as chaves e tire aquele carro dali *agora*!

Ao ouvir isso, Ann saltou na frente dele e replicou:

— Ele não vai tirar o carro!

Senti o sangue ferver nas veias. Dessa vez passei rápido do falar para o gritar, embora continuasse proferindo as palavras em sussurros, visto que as pessoas passavam bem do nosso lado para entrar na igreja.

— Tenho de pregar. Tire logo o carro dali, *já*!

A essa altura, é provável que você esteja se perguntando a razão de tamanho escândalo. Por que eu estava tão bravo com algo banal como uma vaga de estacionamento? Como ajuda, explicarei o meu lado dessa história.

Como um dos pastores fundadores de Kensington (é o nome da nossa igreja), tive a honra de fazer parte da equipe principal incumbida de definir quais seriam nossos valores fundamentais. Sobre esses valores edificamos a igreja — e eles eram muito caros para nossa identidade.

Um desses valores fundamentais estabelecia que as pessoas de fora da igreja têm extrema importância. É justamente para o forasteiro que nunca pôs os pés em Kensington que programamos nossas experiências de fim de semana. Queremos que essas pessoas se sintam valorizadas e estimadas. Por isso resolvemos logo no início que uma excelente maneira de demonstrar o valor que lhes damos era reservando as melhores vagas no estacionamento para elas. Isso significava que as vagas junto às portas da frente seriam — e sempre foram — delas.

Até que ponto levamos a sério esse compromisso? Colocarei a questão da seguinte forma: fazemos que todo novo membro, ao se juntar à nossa igreja, erga a mão direita e declare que a partir de então só ocupará as piores vagas do estacionamento, deixando as mais próximas para quem está começando a ir na Kensington. Claro, tudo isso é feito de brincadeira, mas o princípio por trás do compromisso de dar preferência a quem nos visita pela primeira vez é algo que levamos muito a sério. Na verdade, todos os nossos pastores — eu inclusive — estacionam nas últimas vagas. Isso representa uma caminhada de 400 metros, às vezes no ar gélido de Michigan.

Não se trata de um acréscimo tardio a nossos valores fundamentais — mas de um ponto que define quem somos distintamente.

Agora você entende por que fiquei tão irritado? Custava-me acreditar que Ann resolvesse violar um princípio fundamental da igreja. Todo mundo ali sabia como esse valor era importante, mas de repente a mulher resolvia quebrar as regras ao entrar voando no estacionamento feito uma Danica (ou, se preferir, "Ann"ica) Patrick.[1] E o tempo todo com um sorriso nos lábios!

Morrendo de vontade de esganá-la, nem sei como preguei a última mensagem do dia. Mal podia esperar para voltar para casa e despejar toda a minha fúria em cima dela. Tanto que entrei na cozinha de casa sem lhe dirigir um "Olá" ou um "Como vai?". Em vez disso, gritei:

— Ainda não consegui acreditar que você estacionou naquela vaga! O que passou na sua cabeça?

Ann respondeu com idêntico vigor:

— Eu cheguei atrasada para o culto. Deus me presenteou com aquela vaga ótima perto da porta, e eu a aceitei com gratidão.

— Deus não a presenteou com aquela vaga! — esbravejei. Não costumamos mais gritar tanto um com o outro durante as brigas, mas aquele dia estava valendo tudo!

Meu filho mais novo, Cody, de 14 anos, sentado à mesa da cozinha, ouvia toda a conversa, se é que se pode chamá-la assim. Imagino que se cansou da cena porque interveio:

— Ei, pai, você e a mamãe não viajam o país inteiro ensinando os casais a solucionarem conflitos? É isso que ensinam para eles?

Meus globos oculares se transformaram em punhais apontados em direção a ele, como nos antigos desenhos animados.

— Você aí fique sentado onde está, filho, que já vou mostrar como se resolve um conflito!

Sem diminuir em nada a virulência do ataque, voltei a dizer a Ann como eu estava certo e ela errada. Continuamos assim

[1] Danica Patrick foi a primeira mulher a vencer uma corrida de automobilismo em Indianápolis e a ficar na *pole position* em Nascar. [N. do T.]

por dez minutos mais ou menos antes que ela enfim saísse da cozinha e subisse. Quando isso aconteceu, pensei: *Perfeito, saia mesmo de perto de mim! Sabe que está errada e eu estou certo... de novo!* Para ser franco, eu estava tão bravo que não queria saber nem de dividir o mesmo cômodo com ela.

Que exemplo maravilhoso para meu filho!

Mas alguma coisa no fato de ela deixar a cozinha me ajudou a começar a enxergar a mim mesmo como Ann me via naquele momento. Olhei para Cody com uma expressão que dizia: *Não sei muito bem o que acaba de acontecer, mas nenhum de nós dois fez muito boa figura.*

Verticalizando

Assim que o silêncio voltou a reinar na cozinha — refiro-me a um silêncio sinistro —, tive a oportunidade de refletir um pouco. E, naquela quietude incômoda, verticalizei. Isso quer dizer apenas que raciocinei por um bom tempo, o suficiente para convidar Deus para se juntar à nossa circunstância. Até então, não me importara de verdade com o que Deus pensava e, sendo bem sincero, nem queria saber. No entanto, sentado ali a sós com minha raiva e minha presunção (bem, sentia-me só, mas Cody me observava o tempo todo), eu sabia que lidara com a situação da maneira errada. Meu ponto de vista me deixara na mão outra vez, e eu precisava de outro. No fundo do coração, tinha consciência de que ouvira a mim mesmo mais que o suficiente; agora necessitava realmente ouvir a voz de Deus.

Sendo assim, respirei fundo e pedi para Deus falar comigo. Especifiquei que me ajudasse a enxergar o que eu não estava percebendo. Recebi dele uma resposta curta e simples: "Ouça". Aguardei, na esperança de ouvir Jesus me dizer mais alguma coisa, mas foi só isso mesmo. *Sério? Uma única palavra?* Isso mesmo.

Ouça.

Cerca de quinze minutos depois, Ann desceu e parou na entrada da cozinha. Cody e eu ainda éramos os únicos sentados ali. Ela olhou para mim e proferiu palavras de que jamais me esquecerei:

— Vou à igreja sozinha toda semana porque você vai mais cedo e fica até tarde. Cuido de tudo nesta casa porque você passa o tempo todo trabalhando em todas as ocupações que tem no ministério. Corto a grama. Lavo os carros. Pratico *snowboard* só para estar com você e nossos filhos. Pratico *wakeboard* só para estar com você e os meninos.

Nesse ponto, Cody me lançou um olhar que dizia: *Pai, odeio dizer isso, mas você já era.*

— Cozinho, limpo tudo, lavo os carros e cuido da casa porque você nunca está por aqui! — Ann continuou. — Sento-me sozinha na igreja toda semana enquanto você sobe no palco e prega para as multidões. Portanto, quer saber? Se tiver outra oportunidade de estacionar o carro junto à porta da frente da igreja, vou aproveitá-la!

Com os ouvidos enfim atentos, eu compreendi. Permaneci sentado apenas mais alguns instantes. Sentia o olhar de Cody perfurando-me a alma, querendo imaginar o que o pai "especialista em casamento" diria a seguir. Enfim soltei o ar dos pulmões e fiz uma só pergunta para Ann:

— Acha que Kensington é mais importante para mim do que você?

Ela desviou o olhar para o chão e fez que sim com um movimento de cabeça.

Bum! Lá estava — outra ocasião monumental surgia bem diante dos meus olhos. Uma ocasião para aproveitar. Para nos beneficiarmos ao máximo. E se eu respondesse com humildade e sabedoria, quem sabe — talvez uma ocasião que nos transformaria a vida.

Aquele momento poderia mudar o meu legado — e, pela primeira vez, eu soube reconhecer isso. Como descobriremos com o tempo, momentos assim acontecem o tempo todo em nosso casamento, mas costumamos ignorá-los por completo porque não estamos presentes o bastante para atribuir-lhes o devido valor. Preferimos descartá-los como um mal-entendido ou um conflito "como outro qualquer", sem nos darmos conta de que a real mudança só acontece na vida real. Imaginamos que ela se dê como nos filmes, quando alguém escala o pico tempestuoso de uma montanha, ou quando dois atores lindos demais para serem de verdade se abraçam de modo romântico no último andar do Empire State Building.

Com frequência deixamos passar as transformações que poderiam estar acontecendo hoje, bem aqui em nossa cozinha ou bem aí, na última discussão por mensagens de texto com seu cônjuge sobre o fato de que você terá de ficar fora até tarde outra vez esta noite. A verticalização começa com a ruptura do transe da vida "real", a fim de que você possa experimentar a mudança real que Deus reservou para esses momentos. Ele não precisa levar você a nenhum outro lugar para o transformar; já o colocou bem onde você está. É questão de manter os ouvidos atentos no meio do barulho.

Só meia verdade

Deus me disse para ouvir, e o que ouvi mudou tudo. Ele me falou sobre minha vida e prioridades por intermédio de Ann. No passado, eu discutiria com ela a razão de me sentir daquele jeito. Diria que era evidente sua condição de ser o que eu tinha de mais importante na minha vida e que ela estava errada por imaginar algo diferente disso. No fundo, eu acreditava mesmo que a Kensington não chegava nem perto de Ann em termos de importância.

Mas não estávamos tratando do que *eu* acreditava. Ninguém me autorizara a definir a realidade para nós dois, por mais que eu pensasse o contrário. A verdade também continha o que se passava no coração *dela*. Enquanto não reconhecesse esse fato, eu desconhecia a verdade; contava apenas com a minha metade dela. E todo mundo sabe que meias verdades não são verdades de fato.

A verdade era que o que Ann sentia naquele momento não era uma invenção, como eu a tratara, mas realidade. O que eu pensava não fazia a menor diferença. Ann se sentia negligenciada; essa era a realidade dela. E sua realidade era peça-chave da minha realidade, mesmo eu não sabendo disso. Podia defender minha posição o resto da vida, mas a posição que precisava ser reconhecida não era a minha, mas a dela.

Eu tinha de lidar com a realidade dela como uma verdade.

Cody observava enquanto toda essa epifania tinha lugar dentro de mim. Em retrospecto, fico muito contente de que ele estivesse ali para testemunhá-la. Levantei-me e atravessei a cozinha. Tomei Ann em meus braços e disse:

— Oh, sinto muito, de verdade, por ter gritado com você hoje. Sinto muito por você achar que meu trabalho é mais importante. *Você* é mais importante para mim do que qualquer outra coisa em minha vida, exceto Deus, mas, se não é essa a impressão que tem, significa que estou vivendo isso da maneira errada. Você tem razão, vivo ocupado *demais* com a Kensington. Preciso rever minha agenda e implementar ajustes que reflitam minhas prioridades. Será que pode se sentar comigo hoje para que façamos isso juntos?

Sim, lá se foi o meu cochilo — mas era um preço pequeno a pagar.

A epifania do estacionamento

Compreendi então que nossa briga nunca fora sobre uma vaga de estacionamento, mas, sim, sobre Ann se sentir amada por mim. Valorizada pelo marido. A necessidade número 1 dela é se sentir amada pelo marido, e eu a decepcionara — e continuara decepcionando — por um bom tempo. Deus usou o estacionamento para me mostrar como minha agenda se tornara absolutamente insana. Eu vivia repetindo o que todo homem cristão afirma acerca de suas prioridades. Deus em primeiro lugar, a família em segundo e o trabalho em terceiro. Quantas vezes você ouviu alguém incluir essa sequência na pregação de todo tipo de púlpito, no Dia dos Pais, em conferências para homens ou no estudo de um pequeno grupo?

No meu caso, a verdade era que tudo se convertera em nada mais que palavras. Elas não traduziam a realidade que eu vivia. Sempre preguei que é possível descobrir as prioridades de um homem olhando em dois lugares — sua carteira e sua agenda. Onde gastamos nosso dinheiro e o que fazemos com nosso tempo sempre se sobrepõem às palavras que proferimos. Quando me sento para conversar com um casal e o marido começa a me contar quanto sua esposa é importante para ele, paro de olhar para ele e discretamente observo de relance a esposa para ver como seu comportamento reage às declarações idealistas que estão sendo feitas. Ou ela balança a cabeça em sinal de concordância, confirmando que o que ele diz é mesmo realidade em sua vida, ou o subconsciente a leva a fitar o chão — pode ser também que o consciente a faça rolar os olhos com impaciência — indicando que as palavras dele não querem dizer nada.

Eu era o marido cujas palavras produziam a segunda reação — e nem sabia disso. Podia pregar bem sobre o assunto, mas sem viver o que pregava. A verticalização nesse momento significou ouvir o que Deus estava me dizendo sobre a situação. Sim, sei que manter-se atento no instante preciso é a parte mais difícil, mas também que é onde reside o maior potencial para Deus fazer uma coisa incrível de algo terrível.

Amar e cuidar

Maridos, Deus nos tem chamado para amarmos "[...] cada um a sua mulher, assim como Cristo amou a igreja e entregou-se por ela" (Efésios 5.25). Tenho descoberto que essa palavra, amor, costuma não significar tanto para nós, homens, quanto deveria. Pense bem: dizemos que amamos todo tipo de coisa. *Amo* milkshake *de chocolate. Amo minha Harley Davidson. Amo o Super Bowl... em que meu amado Detroit Lions jogará um dia desses.*

Assim, quando Paulo ordena que amemos nossa esposa, não sabemos de verdade o que isso quer dizer. Um subterfúgio que me ajuda é substituir a palavra por outra que nós, homens, compreendemos: *cuidar* (termo utilizado em várias traduções do v. 29 de Efésios 5). Se o *aplauso* faz um homem se sentir respeitado, o *cuidado* faz a mulher se sentir amada.

Ora, conseguimos nos identificar com essa palavra porque somos muito bons em cuidar das coisas. Cuidar significa proteger. Paparicar. Embelezar. Prover do que for necessário. Cuidamos dos bens que mais valorizamos. Toco guitarra desde os 8 anos de idade. Tenho uma coleção delas, e de baixos também. Cuido (protejo, lustro, paparico) cada um deles. Controlo a umidade do cômodo a eles destinado para que não empenem. Como colecionador, sou muito criterioso em relação a quem pode tocar nas minhas guitarras. Trato-as como se fossem meus bebês. Conheço homens que fazem a mesma coisa com a TV ou com os tacos de golfe ou com as motocicletas que têm.

Aliás, também me dedico a cuidar desse tipo de coisa.

Mas, sejamos francos, a ideia de cuidar de coisas assim transitórias deveria ser apenas um ponto de partida para compreendermos o casamento. Deveria abrir nossos olhos para a maneira absolutamente radical pela qual somos chamados por Deus para amar nossa esposa, muito mais valiosa que uma pilha de metal, borracha e componentes eletrônicos.

Naquele dia, comecei a investigar como seria cuidar de Ann como Cristo cuida da igreja. Não queria convencer *a mim mesmo* apenas do quanto a amava em meu coração, mas amá-la de modo que *lhe transmitisse* amor. Continuo nesse processo de investigação até hoje — como acontece com todos nós, pelo resto da vida. Mas naquele dia na cozinha descobri que uma maneira grandiosa de dizer “eu te amo” para Ann era passando tempo em casa com ela e com nossos garotos.

Cada homem e cada mulher são diferentes um do outro, mas, para Ann, a linguagem suprema do amor é o tempo. Para ela, amor se soletra assim: T-E-M-P-O. Ela quer ter tempo comigo sem mais nada para desviar a minha atenção ou o meu afeto. Isso quer dizer que, quando saímos para namorar (ou mesmo quando conversamos na cozinha apenas), ela quer que eu deixe o celular de lado, o que inclui as chamadas, mas também os recados de voz, os *e-mails*, as atualizações nas redes sociais e o placar mais recente do jogo que está acontecendo agora mesmo. E sim, mencionei a palavra “namorar”. As pessoas casadas precisam continuar marcando encontros para namorar. E devem fazer isso toda semana.

Já ouço determinados maridos (bem como algumas esposas) reclamando: “Toda semana? É sério isso?”.

Você procura jogar golfe toda semana, não? Ou andar de bicicleta? Ou frequentar a academia? Ou limpar a casa? Ou assistir ao seu programa favorito? Veja bem, para aquilo que mais valorizamos, achamos — não, *criamos* — tempo. Nesse caso, você consegue adivinhar o que (ou, para ser mais exato, quem) tem mais valor na sua casa? Seu cônjuge. Se ele ou ela for embora, nem casa você terá.

Naquele momento e lugar, na cozinha de casa, resolvi que tanto quanto permitisse minha capacidade, Ann nunca mais teria motivos para achar que meu emprego (ou qualquer outra coisa) era mais importante para mim do que ela. No nosso caso, o primeiro passo para cuidar dela de maneira mais afetuosa foi cortar compromissos da minha agenda de modo que eu pudesse proteger melhor o tempo de que eu dispunha para paparicar minha esposa.

O segundo passo foi vestir uma roupa mais bonita e marcar um tão necessário encontro com ela para namorarmos um pouco na noite daquele domingo mesmo — um programa *bem* melhor do que cochilar. Afinal me tornava um homem (um pregador de verdade, no meu caso) que praticava o que pregava.

Quanto à famosa vaga de estacionamento, nunca mais vi Ann usá-la. Mas, mesmo se o fizesse, eu não a contrariaria.

Nada — nem mesmo a melhor vaga do estacionamento — é bom o bastante para aquela a quem mais amo nesta vida.

Capítulo 12
Sexo na capela

Os mais de trinta anos de Dave servindo como capelão do Detroit Lins têm nos rendido muitas histórias maravilhosas para contar. O tempo que ele passa com o time nem sempre está relacionado apenas com os jogadores, ou com a vitória dos jogos, mas também com o casamento e a família dos envolvidos. Isso significa que muitas vezes trabalhamos juntos para servi-los em muitas áreas da vida — incluindo a sexual.

Não deveria ser segredo ou tabu para ninguém reconhecer que o sexo é parte indissociável de qualquer casamento. No entanto, as pessoas — inclusive as casadas — muitas vezes evitam a todo custo tocar no assunto. Optam por abafar sentimentos, dependências, percepções e inseguranças, na esperança de que tudo se resolva em um passe de mágica se não mexerem nesse vespeiro.

Mas, em se tratando de sexo, precisamos conversar — e muito.

Quando as pessoas estão dispostas a se mostrarem vulneráveis e abertas para falar de sexo, coisas espetaculares acontecem. Em um dos estudos bíblicos que Ann dirige com as esposas dos jogadores do Lions, uma mulher comentou que era aniversário do marido e que ele a levaria para jantar fora. Depois passariam a noite em um hotel. O marido dela nunca fora ao estudo bíblico semanal que Dave faz com os rapazes.

— E o que você vai fazer de especial para ele? — Ann quis saber.

Tímida, a mulher respondeu:

— Bem, vou acompanhá-lo.

— Mas é aniversário dele — disse Ann —, você precisa fazer alguma coisa especial. Que tal passar em uma loja de *lingerie* e escolher uma peça bem bonita que ele adore?

— Bem, isso não combina muito comigo — retrucou a esposa. — Nunca fiz nada parecido.— Ora vamos, será divertido! — Ann insistiu. De modo que lá foi a mulher para a loja.

Na manhã seguinte, ela telefonou para Ann, toda entusiasmada:

— A noite passada foi incrível! Meu marido disse que foi a melhor do nosso casamento. E quis saber de onde tirei a ideia de usar *lingerie*. Contei que foi no estudo bíblico. Ele então falou que eu nunca deveria perder esses estudos!

Adivinhe só quem apareceu no estudo bíblico para casais do Lions na semana seguinte? Isso mesmo — o marido feliz. De repente se interessara por Deus. Na verdade, outras seis semanais mais tarde, ele entregou a vida a Jesus. Hoje o casal serve no ministério em tempo integral. Fantástico!

E tudo começou com uma *lingerie*.

Sexo é algo bom no casamento; na verdade, algo divino. Por que haveríamos de achar estranho Deus usar uma conversa sobre sexo para abrir a porta para o evangelho? Não deveríamos, pois desfrutar do projeto divino para o sexo é bem capaz de transformar casamentos e vidas.

Vamos falar sobre sexo

Vários anos atrás, fomos convidados para falar sobre casamento no Love Like You Mean It Marriage Cruise.[1] No início, desconhecíamos o assunto que gostariam de que tratássemos. Cerca de seis semanas antes da viagem, mandei uma mensagem de texto para Bob Lepine, apresentador de programa de rádio da FamilyLife Today e diretor do cruzeiro, perguntando o tema sobre o qual gostaria que falássemos. Depois de várias mensagens de texto indo e voltando com as opções possíveis, Bob respondeu que gostaria que falássemos sobre sexo. Devolvi a mensagem de texto: "Tem certeza que quer que um casal de mais de 50 anos fale sobre sexo?". Ao que ele respondeu: "Vocês ainda fazem sexo? Então parem tempo bastante só para conversarem um pouco a respeito!". Ainda dou risada do comentário.

E caso você tenha ficado curioso, sim, ainda fazemos sexo e é mesmo hora de conversarmos um pouco sobre isso. Sempre que abordamos o tema em nossas conferências sobre casamento pelo país afora, costumamos ver uma fila de casais querendo conversar conosco depois da reunião. Esperamos que nos contem como esse lado do casamento deles é uma beleza, mas a tragédia está no fato de ser mais comum ouvir o contrário. Esses casais usam o curto espaço de tempo que têm — apenas 30 ou 45 segundos — para revelar vários detalhes dos problemas que enfrentam na vida sexual. Seria possível até dizer que chegam a compartilhar um pouco demais conosco.

Entre lágrimas, ouvimos tanto homens como mulheres contarem que foram molestados quando crianças e que até então nunca tinham revelado esse fato para ninguém. Maridos

[1] "Ame para valer"seria o título em português desse cruzeiro para casais. Vinculado à organização FamilyLife Today, parte dos Estados Unidos com destino às Bahamas e Porto Rico e conta com extensa programação que inclui apresentações musicais e ensino da Bíblia. [N. do T.]

contam que foram pegos vendo pornografia — de novo. Casais nos dizem que não fazem sexo há meses, anos e às vezes décadas. Mulheres e homens nos confessam que nunca contaram para o cônjuge que tiveram dezenas de parceiros ou parceiras sexuais antes de se casarem. Conhecemos maridos que acham que têm de fazer sexo com a esposa várias vezes ao dia e, se não conseguem, masturbam-se diversas vezes ao dia. Esposas nos perguntam se o marido é culpado de tê-las estuprado. Maridos e esposas querem saber se deveriam revelar para o cônjuge seus casos extraconjugais. Casais cristãos indagam se deveriam continuar vendo pornografia juntos. Lembre-se, essas conferências costumam ser sediadas em igrejas.

Quando falamos para grupos mais animados, sempre nos divertimos com esse tópico por causa das oportunidades de fazer muita piada e dar gargalhadas. Mas a verdade sincera é que com frequência estamos magoados e feridos nessa área e carregamos muito lixo conosco. Muitos de nós lutam em silêncio porque nossa vida sexual é horrível e não podemos conversar a respeito, nem com o cônjuge. A luta e o silêncio são capazes de nos devastar o casamento e até a vida.

Por isso, achamos que você deve aprender a falar sobre o assunto.

O sexo tem sido uma das maiores alegrias do nosso casamento, mas também uma das áreas mais difíceis. Com o passar dos anos, temos enfrentado inúmeros confrontos para entender um ao outro na cama. Entender as necessidades *dela*. Entender as necessidades *dele*. Compreender desejos conflitantes relacionados com a frequência do sexo — quantas vezes na semana, no ano ou até no dia. Brigamos por causa disso. Choramos por causa disso.

Portanto, se você tem passado por lutas nesse campo, não está só. Absolutamente.

Os milhares de pessoas que nos procuram com essas histórias — cada uma delas é você! Somos nós. Fomos criados na igreja, que na maior parte desse tempo todo guardou silêncio em relação ao assunto. Nunca se conversava sobre sexo. Se você já ouviu alguma coisa sobre o tema de qualquer pessoa da igreja, ainda mais se esse alguém era pastor, foi para o convencer de que sexo era algo muito errado, que Deus o reprovava e que você poderia ficar careca se o praticasse. Acho que, em alguns casos, a parte sobre ficar careca está certa — Dave não tem um só fio de cabelo, se é que você me entende.

Mas todos sabemos que as pessoas lutam contra todo tipo de problemas sexuais, e nossa cultura fala em sexo sem parar. Esfregam-no na nossa cara a cada segundo. Não se pode assistir aos *shows* do intervalo do Super Bowl, ou mesmo a um comercial da rede de lanchonetes Hardee's, sem que aconteça alguma coisa de cunho sexual. Não admira que nossos filhos — e, sejamos francos, nós mesmos — muitas vezes não saibam o que pensar sobre sexo.

Analisemos tanto a perspectiva divina quanto a humana sobre a questão. Vamos dar uma olhada na beleza de Deus e na condição humana caída.

À vontade com a beleza sagrada do sexo

Deus projetou o sexo: "Criou Deus o homem à sua imagem, à imagem de Deus o criou; homem e mulher os criou. Deus os abençoou e lhes disse: 'Sejam férteis e multipliquem-se! Encham e subjuguem a terra!' [...]" (Gênesis 1.27,28).

Quem é a personagem principal dessa história? O protagonista? Aquele que toma a iniciativa de se aproximar das pessoas? Deus. Foi ele que criou Adão e Eva, colocou-os no jardim, abençoou-os e ordenou que fossem fecundos e se multiplicassem. A partir de então, o sexo passou a ser uma parte muito real — e piedosa — da história da criação. O próprio Deus o criou, chegando a ordenar que o primeiro marido e a primeira esposa desfrutassem dele.

Na nossa época de seminário, perguntávamos: "Do ponto de vista de Deus, qual é o principal propósito do sexo?". E sempre deduzíamos que esse propósito era um só: a *procriação*. Essa foi a mensagem veiculada pela igreja durante décadas — não se devia fazer sexo nunca, exceto com o intuito de se reproduzir. Mas isso não é bíblico. A procriação é um dos propósitos, mas não o único.

Além dela, os outros dois propósitos do sexo são *unidade* (ou intimidade) e *prazer*. Para enfatizar essa ideia, Dave às vezes brinca com a equipe da nossa igreja, dizendo: "Deus quer que façamos sexo nos dias que começam com a letra T: terça-feira, tuarta, tuinta, texta, tábado, tomingo e tegunda!".

Brincadeiras à parte, vejamos primeiro o propósito da unidade. Quando alguém faz sexo, seja no casamento, seja em um único encontro, uma conexão de alma se estabelece. Mesmo quando a intimidade emocional parece distante da experiência, permanece o fato de que Deus projetou o sexo para ser o ato mais íntimo e belo em que os seres humanos podem se envolver. Existe tamanha profundidade nessa relação íntima que vai além do físico.

Sexo é intimidade de alma.

Hoje, no entanto, conversando com pessoas em idade de ensino fundamental até adultas, você verá que existe uma superficialidade generalizada em relação à sexualidade. Não importa muito se "Eu o amo" ou, em alguns casos, até mesmo se "Gosto dela"; hoje não passa de um ato físico executado por prazer. Mas Deus o fez para ser muito mais! Essa superficialidade é a razão de estarmos tão traumatizados. Estamos machucados assim porque o sexo não é apenas um ato físico, mas, sim, algo que nos afeta até a alma, razão pela qual também pode ser nocivo ao extremo.

Deus criou a psique para se unir à psique daqueles com quem somos íntimos. No sexo, ocorre a liberação de substâncias químicas que fomentam a intimidade e a unidade, algo projetado e crucial para o pacto do casamento. Por isso ter um envolvimento sexual com alguém fora do contexto do casamento pode ser tão destrutivo.

Como sabem todos que já praticaram sexo, não há outra experiência que se iguale ao prazer sexual. Deus projetou o corpo humano de maneira tão incrível que, quando um homem ou uma mulher atinge a excitação sexual, terminações nervosas liberam uma substância química no cérebro que causa um efeito muito parecido com o das drogas (não que eu entenda alguma coisa sobre isso!). Esse "barato" pode ser viciante, como uma droga. É evidente que isso pode levar a várias escolhas ruins quando se trata de sexo, mas também resultar em uma união singular entre marido e mulher. Esse prazer nos induz a querer repetir a experiência em busca de mais, e essa "aproximação" nos une de verdade de um modo profundo e belo como marido e mulher. Significa que o casal unido em matrimônio foi feito um por Deus tanto física quanto quimicamente ao fazer sexo. Uau!

É quase como se toda vez que fazemos amor com nosso cônjuge renovássemos nossos votos conjugais de união até que a morte nos separe. Essa é a beleza do prazer sexual ordenado por Deus, combinado com o pacto do casamento. Só um Pai muito, muito bom seria capaz de inventar uma coisa dessa.

O sexo não existe apenas para unir, mas também pelo prazer. Não sei se você já notou, mas, quando feito da forma ideal, ele causa uma sensação boa — muitíssimo boa. E esse é um presente do nosso Criador. Ele nos projetou para experimentarmos grande prazer ao fazermos sexo. Pense no assunto como alguém certa vez o descreveu para nós: "Só Deus para criar um ato tão prazeroso que, quando você o pratica, às vezes grita o nome dele bem alto". Espero que você esteja rindo porque essa tirada é bem engraçada!

Tanta conversa sobre o prazer piedoso encontrado no sexo parece fazer o fariseu que existe dentro de nós se contorcer um pouco. Talvez por estarmos distraídos demais pelos pontos de vista fraudulentos do sexo com os quais temos sido inundados pelo mundo ou até pela igreja. É hora de aceitarmos o fato de que Deus não fica vermelho quando o sexo é o tema da discussão ou quando ele está sendo praticado de acordo com o projeto divino perfeito. Na verdade, acreditamos que Deus sorria — talvez até aplauda — quando o casal casado faz amor. Ora, *esse*, sim, é um Deus digno de ser conhecido!

A Bíblia está repleta de pensamentos de Deus sobre sexo. Veja estes versículos, por exemplo: "Seja bendita a sua fonte! Alegre-se com a esposa da sua juventude. Gazela amorosa, corça graciosa; que os seios de sua esposa sempre o fartem de prazer, e sempre o embriaguem os carinhos dela" (Provérbios 5.18,19).

Na igreja, quando dizemos *seios*, as pessoas engasgam. Os seios dela deveriam satisfazer o marido? Sim! Está na Bíblia. Na verdade, se não tem dedicado tempo à leitura da Palavra de Deus, pode ser que você queira fazer isso depois de descobrir passagens como essa. Cântico dos Cânticos é sem dúvida leitura indicada apenas para maiores de idade. O livro fala em *striptease*, sexo oral, brincar a dois no jardim e muito mais — tudo dentro do casamento.

Se compreendêssemos o coração de Deus, saberíamos que, quando homem e mulher fazem amor no casamento, Deus não desvia os olhos e pensa: *Ah, pronto, lá vão eles de novo*. Não, ele aplaude. Se você não consegue enxergar um Deus capaz disso, permita-nos assegurar com toda a ousadia que talvez você não o conheça na plenitude que ele deseja ser conhecido. Por que outro motivo Deus nos diria para sermos férteis e crescer em número e então nos daria o sexo como o veículo para alcançar esses objetivos? Ele poderia ter criado outro método qualquer que quisesse para fazer que tais coisas acontecessem, desde a polinização cruzada até a gravidez por espirro — que, aliás, a indústria de lenços descartáveis saberia explorar muito bem.

Em vez disso, ele optou pelo lindo presente da intimidade, unidade e prazer sexual. Trata-se de uma ordem de Deus com o propósito de reproduzir não apenas pessoas, mas também um legado. É ordem porque nos aproxima e une. Vincula-nos da maneira que Deus queria que acontecesse. Por isso, antes de você se casar, o inimigo fará de tudo que estiver ao alcance dele para o levar a fazer sexo. Mas, depois que você se casar, ele fará tudo que estiver ao alcance dele para o impedir.

Se existe uma área do casamento em que precisamos abrir as portas para a perspectiva vertical é a da nossa vida sexual. Do contrário, o sexo passa a girar só em torno de nós mesmos. Então algo que Deus projetou de modo singular para nos ajudar, curar e unir se converte em algo que prejudica, fere e nos afasta.

Apimente!

Acreditamos que, quando convidamos Deus a entrar em nosso quarto, tudo muda para melhor. A perspectiva dele nos convida a sermos livres para desfrutar do sexo no casamento conforme ele sempre pretendeu. Isso pode nos ajudar a reencontrar a alegria debaixo dos lençóis — ou em qualquer outro lugar, a bem da verdade.

É hora de apimentar um pouco a relação. Quando o assunto é vida sexual, um número exageradamente grande de casais cai em uma rotina enfadonha, maçante. Lado direito da cama. Lado esquerdo da cama. Ora, vamos, sejam um pouco mais criativos!

Alguns anos atrás, Dave falou ao Detroit Lions no culto semanal deles, na capela de um hotel, antes de jogarem em casa. Na realidade, ele fazia aniversário naquele dia, e sairíamos para jantar depois do culto. Quando Dave já ocupava a frente da capela, dirigindo-se aos mais de 30 jogadores e técnicos presentes, um jogador entrou com alguns minutos de atraso. Encaminhou-se para a primeira fileira de bancos e, antes de se sentar, entregou um envelope para Dave na frente do qual se lia: "Para Dave Wilson. Urgente. Abra imediatamente!".

A princípio, o envelope não causou nenhuma impressão em Dave porque ele estava concentrado na mensagem. Imaginou que, fosse o que fosse, poderia esperar alguns minutos. De modo que deixou o envelope de lado e continuou falando. Mas o jogador retardatário protestou de imediato:

— Dave, não dá pra esperar. Você precisa ler o que tem no envelope agora mesmo!

De repente, Dave entendeu a situação. Achando que algo terrível talvez tivesse acontecido com as crianças ou com Ann, mais que depressa rasgou o envelope e, por puro pânico, começou a ler o bilhete em voz alta. Foi quando repetiu as palavras que seguem na frente de todos os rapazes: "Ei, garotão, seu presente de aniversário está sem roupa nenhuma em cima da cama do quarto 3136. Suba agora mesmo que estou esperando. E acho bom correr".

Só então Dave se deu conta do que acabara de ler — para todo mundo ouvir. Ergueu os olhos para se defrontar com todos os presentes na capela observando-o de queixo caído. Não conseguiam acreditar no que tinham ouvido. Afinal Dave recuperou a compostura e disse:

— Bem, rapazes, imagino que agora saibam para onde vou assim que terminar aqui com vocês.

Nesse instante, Bobby Ross, técnico principal do Lions na época, falou:

— É melhor ir logo para lá, Dave. Deixe que assumimos aqui.

Diante disso, Dave saiu correndo da capela, começando a arrancar a roupa antes mesmo de chegar ao elevador!

Até hoje os jogadores lhe dizem que jamais se esquecerão daquele culto na capela. Comentam que o bilhete de aniversário de Dave lhes serviu de exemplo de como a um casamento profundamente espiritual pode corresponder uma vida sexual profunda e criativa também.

Portanto, vá em frente e apimente um pouco sua relação! Traga de volta a diversão e a alegria para dentro do seu quarto. Por falar em quarto, ele não é o único lugar em que você pode fazer amor. Seja criativo. Só vamos contar a você que em casa temos uma cama elástica... E uma varanda nos fundos... E uma Harley-Davidson. Está bem, a Harley por enquanto é só uma das nossas fantasias, e não vamos revelar de qual de nós dois.

Muito bem, já pode parar de enrubescer. O capítulo terminou.

Capítulo 13

Você não pensa em sexo o tempo todo?

Era um daqueles dias. Você sabe quais. Em vez de acordar de imediato cheia de alegria e expectativa por tudo que tinha pela frente, eu (Ann) precisava de um sistema de polias para conseguir que meus olhos ficassem abertos. À medida que a luz invadia meu espaço, várias realidades se fizeram abundante e dolorosamente claras: eu estava tendo a primeira sensação de enjoo da gravidez; meu filho de 2 anos, deitado na cama dele, gritava como uma alma penada horrorosa, e meu filho de 4 anos puxava meu braço, lembrando-me — junto com os gritos — que era de manhã e que ele estava com fome.

Argh... Sim, era uma *dessas* manhãs.

Dave estava trabalhando em casa aquele dia, preparando um sermão com os pés apoiados em cima da mesa e a Bíblia aberta no colo. Como quem não quer nada, olhei de relance para ele ao passar a seu lado a caminho do quarto dos meninos para fazer as camas e recolher a roupa suja. CJ jogava travesseiros em Austin, que, em represália, gritava com CJ — e os dois se puseram a correr em círculos ao meu redor, gritando um com o outro. Ainda não tomara meu banho, não tentara enfiar uma escova nos meus cabelos emaranhados — céus, ainda nem escovara os dentes.

Concluídas as tarefas no quarto, tornei a passar junto ao escritório de Dave e olhei de relance para ele outra vez. Foi quando aconteceu — de novo. Ciúmes, inveja, dó — tudo isso me atingiu de uma só vez e com toda a força. *Uau, deve ser bom poder ficar sentado na mais completa solidão, lendo a Bíblia. Ele tem uma vida tão mais fácil que a minha! Nem me lembro mais da última vez que proferi uma frase completa sem me interromper para ralhar com uma criança ou corrigir outra — ou da última vez que tive uma boa noite de sono.*

Não disse nada disso em voz alta, mas sentimentos incipientes de descontentamento haviam sido plantados e começavam a fincar raiz.

Tump!

Austin enfim acertou o punho cerrado nas costas de CJ, e agora os dois berravam em prantos — *suspiro, de novo*. Mãe de volta ao resgate ou, pelo menos, à arbitragem. Pus as roupas sujas no cesto e joguei Austin em cima da pilha de roupas — ele deve ter se perguntado se também seria enfiado na lavadora. Minha barriga de grávida começava a aparecer, de modo que, quando ergui o cesto do chão, precisei mantê-lo abaixo daquela saliência em minha cintura. CJ veio atrás de mim e do pequeno Moisés que eu levava dentro do cesto quando saí do quarto e segui pelo corredor. Ao passar pelo escritório de Dave, olhei de relance para ele outra vez, e os sentimentos que já me eram familiares voltaram.

— Ei, Ann, espere um minuto! — Dave chamou do escritório.

Estaquei toda esperançosa. Será que ele queria me incentivar — ou quem sabe até se juntar a mim — em minhas tarefas mundanas? Notara que eu estava dando duro e queria me agradecer o esforço incansável? Sentira Deus lhe falar ao coração e agora percebia que eu era de longe a melhor coisa que já lhe aconteceera na vida?

Meus olhos se fixaram nos dele, na expectativa do troféu de palavras com que ele estava prestes a me agraciar. Lá vêm elas...

— Você pensa em nossa vida sexual o tempo todo? — perguntou então na maior inocência.

Não, impossível que ele tivesse acabado de me propor uma pergunta dessa. Talvez uma bola de cera de ouvido ou de massinha de modelar das crianças tivesse se alojado no meu canal auditivo. Os meninos choramingavam querendo seguir em frente, por isso ordenei:

— Todo mundo, silêncio, para que eu consiga ouvir o papai! Muito bem, o que foi que você disse, Dave? — Meu coração estava cheio de expectativa, mas trêmulo, esperando que eu apenas o tivesse compreendido mal.

— Você não pensa em nossa vida sexual o tempo todo? — As pernas dele se soltaram de cima da mesa quando ele virou a cadeira na minha direção, ostentando um ar *sexy* e um lampejo de esperança nos olhos.

Bem, eu sei que você talvez (ou talvez não) esteja pensando: *Uau, que legal que ele pense em você dessa maneira! Você é uma menina de sorte. Deve ser uma tigresa na cama!*

Hum, não.

Sim, fiquei contente por meu marido me desejar sexualmente. Esse é um presente que não se deve desconsiderar nem menosprezar.

Agora, quanto à questão da "tigresa", repito... Hum, não. Naquele momento, eu estava mais para uma cabra velha e cansada que acabara de escalar o monte Libido Zero. Achava-me em uma fase que me fazia sentir como se nada no meu corpo me pertencesse ou continuasse igual depois da terceira gravidez. Vivia na montanha-russa do feiticeiro do hormônio.

Mas tinha Dave.

— É sério isso? — perguntei enquanto lágrimas começavam a se formar nos meus olhos. Era evidente que ele ainda não as enxergava.

— Sim! Estava aqui sentado pensando em nossa vida sexual e acabo de perceber que penso nela o tempo todo! — Disse isso como se tal revelação fosse projetar nosso desempenho na cama para níveis bem mais altos.

Não me restava mais nada, por isso desabafei apenas:

— Olhe para mim, Dave! Tenho a aparência de quem acaba de esvoaçar pela casa sonhando acordada com nossa vida sexual? — Foi então que me pus a chorar de verdade.

Acho que era a primeira vez aquela manhã que Dave olhava de fato para a cena se desenrolando na sua frente. Cabelos desgrenhados, olhos ainda remelentos, calças de moletom bem folgadas e algum resto do café da manhã ainda fresco na minha camiseta. Isso mesmo, eis a linda realidade de estar casada e ter filhos.

Com seus sonhos de brincar um pouquinho no quarto naquele fim de manhã despedaçados, Dave abaixou os olhos, girou a cadeira de volta para o lugar dela e apoiou outra vez os pés no topo da mesa.

— Que droga — resmungou.

Deixei escapar um suspiro profundo enquanto reposicionava meu cesto de roupa suja (ainda contendo uma criança) e desci dois lances de escada até a lavanderia no porão. O tempo todo fui pensando: *Como podemos ser tão diferentes? Como ele pode ser incapaz de compreender o mundo em que vivo? Será que algum dia entraremos em sintonia sexualmente falando — ainda mais agora em que eu preferiria bater nele a dormir com ele?*

Fiz uma oração desesperada, mas, para ser franca, não esperava que Deus me respondesse. Disse mais ou menos assim: "Senhor, por favor, ajude o Dave a entender como é ser eu!".

Imagino que Deus tenha feito vista grossa para o fato de que eu não esperava uma resposta porque vou contar a você, ele foi de uma eficácia incrível quando respondeu.

Avanço rápido para dois meses depois: entrei em trabalho de parto prematuro e fui obrigada a permanecer em repouso na cama durante cinco meses. Some-se a isso a questão de estarmos correndo o maior risco das nossas vidas na época, abrindo a Igreja Kensington. Nosso mundo se transformara em um caos; no entanto, eu precisava me concentrar em cuidar do pequenino ser que ainda estava para chegar.

Como agora eu fora obrigada a descansar, Dave se encheu de coragem e assumiu as tarefas domésticas, incluindo arrastar cestos com crianças, roupa suja e não sei mais o que pela casa. Ele passou a ser mãe em tempo integral durante o dia e pastor em tempo integral à noite, pondo em dia todo o trabalho da igreja quando as crianças iam para a cama.

Diversas vezes, ao correr feito um louco de um momento caótico para o outro, ele passou por nosso quarto onde eu estava deitada lendo a Bíblia ou um livro, chocando e meditando em paz, pois era o que tinha de fazer.

Depois de um dia mais longo e exaustivo que o normal, Dave deixou-se cair na cama ao meu lado e soltou um enorme suspiro.

— Hoje está sendo um daqueles dias! — lastimou. E começou a relatar tudo que fora obrigado a fazer e as circunstâncias frustrantes que enfrentara. Aos poucos a exaustão típica de uma boa mãe foi lhe cobrando seu preço. As palavras que ele ainda dizia começaram a se misturar a uma porção de bobagens sem sentido, e suas pálpebras se puseram a fechar involuntariamente.

Mas, antes que ele pegasse em um tipo de sono que só os esgotados conseguem apreciar, inclinei-me bem pertinho do seu ouvido e murmurei bem suave:

— Você não pensa em nossa vida sexual o dia inteiro?

Com um sorriso travesso, Dave deu uma lambida no próprio dedo indicador e ergueu a mão para o ar, desenhando um número 1 imaginário em algum placar invisível.

— *Touché*! — murmurou.

Frequência e infrequência

Você já se perguntou por que Deus fez homens e mulheres tão diferentes? Essas diferenças se revelam em muitas áreas do casamento. No nosso caso, no entanto, nada as trouxe mais à tona que o sexo. Não tenho como exagerar quanto Dave e eu lutamos nessa área no decorrer dos anos.

Gostaria de saber se você se identifica conosco.

Nos primeiros anos de casados, pensávamos: *Uau, isso é fácil! Por que tantos casais choramingam por causa da vida sexual que têm?*

Tempo, romance e intimidade sobejavam naqueles dias — os ingredientes da receita perfeita para o sucesso na cama. Mas então aconteceu — filhos! Ficamos extasiados ao descobrir que eu estava grávida. Até juramos nunca permitir que gravidez e bebês atrapalhassem nosso romance.

Mas então a realidade se impôs: como a presença de pequenos seres humanos pouco desenvolvidos dentro da sua casa — com frequência, na sua cama — atrapalha não só o romance, como também todos os outros detalhes da vida a dois, do sono a fazer uma refeição, passando pelo uso do banheiro desacompanhada. Ah, o maravilhoso milagre dos melhores — e mais difíceis — dias da sua vida.

O resultado foi que Dave e eu nos pegávamos o tempo todo brigando por causa de sexo. Ele se sentia frustrado com a frequência — ou talvez eu deva dizer infrequência — com que o praticávamos. Uma vez lhe perguntei quantas vezes por mês ele gostaria de fazer sexo. Sem titubear, respondeu:

— Todos os dias!

Ri alto e interpus mais que depressa:

— Bem, isso não vai acontecer *mesmo*!

Desapontado e carrancudo, a raiva em ebulição sob a superfície, ele quis saber:

— Bem, e com que frequência *você* gostaria de fazer sexo?

Ele realmente escancarou a caixa de Pandora dessa vez. Minha vontade foi dizer: "Hummm, quando você começar a me ajudar mais com as crianças e com a casa, a esfregar minhas costas de vez em quando e a me falar como sou fantástica, talvez *então* eu resolva pensar em sexo".

Mas respondi apenas:

— Dois dias por semana, talvez menos?

Podemos nos meter em problemas propondo números exatos relacionados a esse assunto. É fácil demais as pessoas começarem a comparar a própria vida sexual com a dos outros. Podemos ficar irritados sem motivo, sentindo-nos mal ou bem com a frequência que praticamos sexo. Naquele momento com meu marido, no entanto, eu só queria encontrar um meio-termo.

A questão era que parecíamos incapazes de estabelecer um equilíbrio. Dave se sentia sexualmente negligenciado o tempo todo, e eu, relacionalmente negligenciada o tempo todo. Acabei constatando que eu queria sexo quando me sentia bem em relação ao nosso relacionamento — quando percebia haver sintonia emocional entre Dave e mim. Por outro lado, ele não precisava de nada disso para fazer sexo. Mesmo assim, depois que fazíamos amor, de repente se mostrava mais aberto, mais afetuoso, mais solícito e feliz com a vida.

A impressão era de que morríamos de saudades um do outro — e sim, cada um esperava que o outro tomasse a iniciativa de corrigir o problema.

Sobrecarga de bagagem

Uma noite, estava eu orando a esse respeito... Quer dizer, deixe-me reformular essa frase. Uma noite, estava eu *desabafando* com Deus quanto me sentia frustrada com Dave e o fato de ele e eu sermos tão diferentes em matéria de sexo. Sempre tive o hábito de analisar e compreender as coisas com o auxílio de imagens ou representações visuais. Por isso, aquela noite tracei um esboço mental de como Dave e eu abordávamos o sexo de maneiras muito diferentes. A imagem que me veio à cabeça foi de uma bagagem.

Para entender melhor, permita-me ilustrar a ideia com minha experiência pessoal. Imaginemos que eu chegue para Dave e lhe lance *aquele* olhar — você sabe a que me refiro, aquele olhar que diz: "Ei, gostosão, está livre esta noite?".

Bom, o que quer que Dave esteja fazendo nessa hora é como um item de sua bagagem que ele leva consigo. Quando ele está assistindo a um jogo de futebol americano, o item de bagagem chamado "esportes" ocupa o espaço bem em cima do colo. A experiência me diz que os homens têm a tendência de pegar um item da bagagem por vez. Portanto, no caso de Dave, ele só abre um item da vida de cada vez.

Isso explica por que ele e eu podíamos ter acabado de enfrentar a maior briga da nossa vida e, dois segundos depois, com o problema já solucionado, Dave conseguir pôr de lado a mala do conflito, pegar um item de sua bagagem com um rótulo em que se lia "sexo" na tampa e se mostrar pronto para seguir em frente. Para ele, é fácil como trocar de malas.

Por isso, a partir do instante em que Dave recebe "aquele olhar", uma única coisa lhe ocupa a mente: sexo. Ele pega a mala correspondente e nada consegue arrancá-la de sua mão — bem, exceto o sexo propriamente dito. Um terremoto de intensidade 9,9 poderia sacudir o globo terrestre inteiro que ele continuaria segurando a mala do sexo — talvez até praticando-o — durante a catástrofe mundial. "Aquele olhar" serve de deixa para ele subir para o nosso quarto, pular na cama e esperar, mesmo que contrarie toda esperança, agarrado à mala do sexo.

Eu, por outro lado... Imagine-me no andar de baixo de casa ao fim de um longo dia. Mãe de três crianças irrequietas, comprometida com um emprego de meio período e inúmeras outras responsabilidades. Veja bem, como mulher, em geral não tiro do chão uma única mala ou valise por vez.

Eu as carrego todas *ao mesmo tempo*.

Enquanto Dave está lá em cima concentrado em uma única coisa, eu estou embaixo, concentrada em múltiplas coisas. E algo mais ou menos assim costuma se passar pela minha cabeça: *Muito bem, o que vou fazer para o café de amanhã? Será que temos leite? Preciso preparar o almoço das crianças antes de me deitar.* Como você vê, peguei a mala da cozinha e do preparo de comidas.

Austin parece ter pegado um belo resfriado, com esse nariz tão congestionado assim — talvez seja melhor não tomar leite de manhã ou a congestão pode piorar. Também reclamou de dor de ouvido. Será que está com alguma infecção? Acho bom telefonar para o médico de manhã e marcar uma consulta, só por precaução. Acabava de pegar a valise de enfermeira.

É melhor limpar a casa agora para não ter de fazer isso de manhã. Parece que a lava-louça está cheia; então, acho que vou ligá-la e deixar que faça o ciclo completo. Meu Deus, há semanas não tiro o pó! Eis a mala da limpeza.

CJ tem treino de futebol americano amanhã — será que lavei tudo de que ele vai precisar? E a camisa de Dave que precisa estar passada para o evento do próximo fim de semana? Agora carregava a mala da área de serviço.

Acabo de ver minha Bíblia em cima do banco. Oh, Senhor, estou tão atrasada com minha leitura e ainda tenho de preparar o estudo bíblico que vou conduzir dentro de dois dias. Na sequência agora a valise espiritual — mais a mala da culpa por não passar tempo suficiente com Deus.

Andei notando o desapontamento de mamãe e papai por eu não telefonar mais vezes. Preciso ligar para eles e saber como estão indo — amo-os demais e sinto muito a falta deles. Pegara agora a mala de filha.

Austin parecia meio triste esta noite. Preciso passar mais algum tempo com ele esta semana para descobrir o que está acontecendo. Mala de psicóloga.

Bem, hora de subir, escovar os dentes e lavar o rosto — oh, agora que vi minhas rugas novas. Argh. *Vou vestir estes pijamas — parece que estou engordando na barriga. Nota para mim mesma: trate de adotar uma alimentação mais saudável e de ir à academia com mais frequência.* Agora peguei minha mala da "comparação de mim mesma com as mulheres mais lindas e magras do mundo".

Por fim, olho para o relógio e descubro que é quase meia-noite, por isso aviso a mim mesma que preciso me sair melhor na administração do tempo no dia seguinte — aliás, essa é a minha mala do "organizar melhor a família e a mim".

Quando deito na cama, tenho pelo menos dez malas diferentes penduradas no cérebro. Cada uma delas pesa e não consigo parar de pensar em tudo ao mesmo tempo — oh, é mesmo, Dave também está aqui comigo.

Ele me lança "aquele olhar" — aquele que lhe lancei umas cinco horas atrás. A versão dele diz: *Por onde você andou? Estou aqui em cima à sua espera desde o começo da noite com minha malinha!* Antes de mais nada, claro que a essa altura já me esqueci por completo de ter lhe lançado "aquele olhar". Em geral, acabo raciocinando: *Talvez, Dave, se você não fosse tão egoísta e não pensasse só em você mesmo, eu teria conseguido subir mais cedo!*

Sim, essa mala em particular necessita da ajuda de um carregador; contudo, eu a deposito bem em cima do meu coração — trata-se da mala do "ressentimento e da autocomiseração".

Dave vira de lado e põe a mão na minha barriga.

— Que tal? — ele pergunta bem manso ao meu ouvido. — Vai rolar esta noite?

Gemo por dentro porque me sinto física e emocionalmente exaurida por tudo que fiz e ainda tenho para fazer. Ele não entende que carrego um bagageiro lotado nas costas!

— Querido, estou tão cansada. Podemos deixar para amanhã à noite?

Dave volta para o lado dele da cama, atira bufando de raiva a malinha do sexo no chão, troca-a pela mala de dormir e pega no sono.

Já eu acabo de acrescentar a décima segunda mala à minha pilha — a da culpa no casamento. Deito-a em cima do rosto enquanto lágrimas se empoçam nos meus olhos — o peso da mala me sufoca. Agora não consigo dormir, apesar da exaustão. Quero de verdade ter uma excelente vida sexual, como costumava ser, mas tanta bagagem parece pesar um pouco mais a cada dia e simplesmente não faço ideia de como largá-la de lado durante o sexo.

Como se 12 malas de verdade se amontoassem sobre nossa cama, elas davam a impressão de sempre se intrometer e deixar pouco espaço para que algo romântico acontecesse.

Sinto que Deus me deu esse recurso das representações visuais para explicar a Dave que as mulheres carregam fardos bem pesados. Usei-o em inúmeras conferências sobre casamento a fim de demonstrar para os homens por que nós, mulheres, podemos estar enfrentando uma luta nessa área. O problema não é desgostarmos de sexo, mas, sim, estarmos sobrecarregadas com a vida e os fardos pesados que arrastamos para todo lado.

Até agora nem sequer mencionei as malas vitalícias do abuso sexual, ou as outras bagagens relacionadas ao sexo que incontáveis mulheres levam consigo. Interferem não apenas em nossa vida sexual, mas na vida emocional também.

Portanto, voltando à pergunta: por que Deus nos fez tão diferentes? Por que Deus fez as mulheres tão complicadas? Sério mesmo, parece muito mais fácil ser homem — bem, pelo menos no meu casamento. Permita-me, no entanto, alertar que algumas pessoas vivem um casamento em que esses papéis e sentimentos estão invertidos. Não é incomum.

Depois de conversarmos bastante sobre minhas frustrações e as consequentes frustrações dele, Dave olhou para mim com uma expressão de alívio.

— O que *essa sua cara* quer dizer? — perguntei.

— Acabo de me dar conta do quanto sou grato por você não ser como eu. Isso faz que me maravilhe da genialidade de Deus.

— Não sei se acompanho seu raciocínio — confessei.

— Pense bem. Se você fosse igual a mim, provavelmente faríamos muito mais sexo, mas seria só isso — sexo. Nem nos tomaria muito tempo. Seu jeito de ser nos leva a conversarmos mais sobre nosso relacionamento. Ajuda a que nos aprofundemos em nossos sentimentos e ideias. Você me auxilia a ser menos egocêntrico como homem, e a me concentrar não só em suas necessidades físicas, mas também nas emocionais. Eu deveria parar de me preocupar antes de mais nada em ter uma vida sexual melhor — sejamos francos, preciso ser um marido, pai, amigo e servo melhor. Seu modo diferente de ser faz que eu me esforce mais para a conhecer e ser afetuoso ao buscar uma relação romântica com você, como eu costumava fazer — como você merece. Você é *muito* mais complicada que eu, mas faz que nossa relação reflita a beleza e unidade de Deus Pai, seu Filho e o Espírito Santo.

Meu queixo caiu. Sei o que veio à sua mente ao ler isso: *Quem é que pensa assim, certo?* Mas meu marido é na verdade um homem bastante inteligente e piedoso. Não resta a menor dúvida de que eu não imaginava ouvir essa resposta. Fez que me sentisse bem acerca do projeto divino...

Embora eu continue achando que seria mais fácil ser homem.

Os octogenários e o orgasmo

A "resposta milagrosa" de Dave (como ela ficou conhecida) na verdade me lembrou de uma pequena conferência a que comparecemos certa vez. Howard Hendricks e a esposa, Jeanie, foram nossos oradores convidados uma noite. Howard já morreu, mas ele causou enorme impacto espiritual sobre mim e Dave. Era escritor, palestrante e professor no Dallas Seminary. Ao finalizar sua fala aquela noite, ele abriu para perguntas. Um pastor de meia-idade levantou a mão. Esse pastor passara muito tempo com Howard, submetendo-se a seus ensinamentos no seminário. Mesmo assim, fiquei surpresa com a ousadia de sua pergunta.

— Professor, como é a vida sexual para quem chegou aos 80 anos como o senhor?

Um burburinho tomou conta da sala — mistura de choque e risos baixinhos diante da pergunta e da coragem necessária para querer saber algo tão pessoal. Sem titubear, Howard sorriu e proclamou em alto e bom som:

— Oh, melhor do que nunca!

Minha primeira reação foi de "*eca*"! Achei a resposta meio grosseira de imaginar. Ao mesmo tempo, ela me deixou absolutamente encantada. Olhando para Howard, notei quanto ele envelhecera nos anos recentes, devastado pelo câncer e outros problemas debilitantes de saúde que parecem alcançar todo mundo com 80 e tantos anos de vida. Jeanie, a esposa, mantinha a elegância que a caracterizava — sempre linda, mas agora também uma perfeita vovó.

Howard se inclinou para a frente na cadeira no centro do palco a fim de "vestir seu chapéu de professor" e nos ensinar com uma premência cheia de esperança de que compreendêssemos a verdade.

— Há pouco tempo um rapaz casado me procurou depois da aula pedindo ajuda com a vida sexual. Queria saber se existem grandes revelações sobre posições especiais, ou outras indicações que eu pudesse lhe dar para auxiliá-lo e à esposa recente na luta que travavam. Olhei bem nos olhos dele e respondi:

"Vocês, crianças, não sabem nada de sexo senão depois de completarem quinze anos de casados. Antes disso, pensam que sexo tem a ver apenas com técnica, ou posição, ou quão bons vocês são como amantes. Depois de algum tempo casados, começam a perceber que Deus não criou o sexo como algo relacionado ao mundo físico. Sexo tem a ver com o mundo espiritual — uma união da alma. Quando você descobrir *isso*, descobrirá a excelência no sexo!".

Quando Howard concluiu a frase, Dave e eu nos entreolhamos, admitindo que mal arranháramos a superfície do projeto de Deus para o sexo em nosso casamento. Sempre pensamos o sexo como o ponto alto do prazer que culmina no clímax. Ocorreu-me aquele dia que o objetivo do sexo não é o orgasmo; o objetivo do sexo excelente é intimidade e unidade.

Estou certa de que virá o dia em que, por causa da idade, das condições de saúde e de medicação, o sexo terá um aspecto muito diferente de hoje, mas espero que Dave e eu sejamos capazes de nos vangloriar de que, seja qual for nossa idade, ainda conseguiremos ter uma excelente vida sexual, pois a excelência no sexo é uma união de almas.

Sejamos práticos

A esta altura, você talvez esteja se sentindo meio frustrado, pensando: *Ok, obrigado pelas representações visuais e teorias, mas para onde ir a partir de agora? Tem algum passo prático que podemos dar?*

Homens, permitam-me que eu os encoraje a perguntar para sua esposa ao menos uma vez por semana: "Qual a mala mais pesada que você está carregando agora?". Significará demais para ela que você se preocupe com sua vida e está disposto a se envolver para ajudá-la. Na verdade, talvez a próxima pergunta deva ser: "Tem alguma mala que posso carregar para você a fim de ajudar de verdade?".

Aqui vai uma dica para vocês, homens: às vezes, precisamos de um pouco de tempo para soltarmos nossas malas. Quando usei o recurso visual da bagagem para explicar a Dave como me sentia, embora ele passasse a compreender melhor meus sentimentos, percebi que também ficou meio perdido. Se eu sempre carregava todas aquelas malas e ele, uma só, como haveríamos de encontrar um meio-termo? De novo, é importante entender que nem os homens nem as mulheres estão errados em como carregam as respectivas bagagens; apenas eles são diferentes. Vi-me obrigada a parar de ficar brava com Dave por ele ser homem, mesmo que eu precisasse ajudá-lo a compreender o panorama geral da minha vida.

Mas cheguei a dizer a Dave que uma das coisas que talvez me ajudasse a deixar de lado algumas malas era se, quando fosse me deitar, ele pudesse massagear minhas costas por ao menos cinco minutos a fim de que eu começasse a descontrair. Seria um grande passo no sentido de me levar a abrir mão de todos os meus pensamentos conflitantes.

Nesse caso, cavalheiros, concentrem-se nas costas e não desçam um milímetro para baixo, a menos que sejam convidados a fazê-lo. Nem todo momento de contato físico tem de conduzir ao sexo — seria fácil demais começar uma demonstração de afeto pelo que ela teria a oferecer para *você*, em lugar de levar em consideração o que fará em benefício de sua amada. De qualquer forma, manter-se no alto das costas sempre foi difícil para Dave — mas a prática conduz à perfeição, rapazes. Vocês acabarão pegando o jeito.

Quanto às mulheres, ouço dizer que, quando o assunto é sexo, os homens são como micro-ondas e as mulheres, como panelas elétricas de cozimento lento. Talvez haja alguma verdade nisso; portanto, de vez em quando, pode ser uma boa ideia tentar ligar propositadamente a panela elétrica *antes* de vocês irem para a cama. Antecipe-se imaginando a noite que terão, talvez até mandando para seu marido uma mensagem de texto *sexy* contando que está pensando nele. Em outras palavras, faça do sexo uma das suas malas importantes, não apenas a mala que ele carrega sozinho. Seja intencional ao se conceder espaço mental para pensar na intimidade prestes a acontecer como algo gratificante e que vale a pena, não só mais uma obrigação que você tem de carregar a contragosto. Uma boa vida sexual deve ser como uma lareira quentinha em uma noite gelada — seu calor aproximará vocês.

Portanto, esforce-se para não levar para a cama noite após noite todas as suas malas; desse jeito, você consegue chegar mais perto do seu marido deliberadamente, sem ter de passar por cima de um bagageiro abarrotado.

Um comentário rápido de Dave para os rapazes

Meus amigos, talvez vocês queiram ler este capítulo várias vezes. Ann acaba de compartilhar conosco grande conhecimento do ponto de vista da mulher. Sentem-se e "falem" com sua esposa sobre o capítulo. Tornem-se especialistas no que ela pensa sobre o relacionamento sexual no casamento de vocês. Para ser franco, passei anos sem ter a mínima ideia disso tudo... *Anos* mesmo!

Lembro-me de um dia na cozinha, depois que lhe apertei o traseiro, em que Ann me disse:

— Só o que você quer de mim quando me toca é sexo.

— Não é verdade — protestei.

— Então por que acabou de pegar no meu traseiro? — ela perguntou. — Está pensando em fazer sexo neste instante?

— Não! — insisti. Mas nós dois sabíamos que era mentira. Ela então continuou, ensinando-me o que é "toque não sexual". Vou ser sincero, eu não fazia ideia do que ela estava falando, mas aprendi... E ainda estou aprendendo.

Rapazes, sua esposa anseia em ter alguém que cuide dela — lembram-se do capítulo sobre o assunto? Ela deseja que você a toque com afeição e carinho que não transmita nada mais que "eu a amo e adoro o fato de você ser minha esposa". Se todo toque for sexual, ela começa a se sentir um "pedaço de carne" (palavras de Ann dirigidas a mim). Aprendi ao longo dos anos que segurar sua mão ou passar o braço em torno dela na igreja faz que se sinta protegida.

Sim, esses toques não sexuais podem muito bem levar a um sexo excelente mais tarde, mas, de novo, não é essa sua força motora — você deve tocá-la porque realmente a valoriza e quer cuidar dela. O toque não sexual é uma preliminar para sua esposa, mas não no sentido que os rapazes pensam. Portanto, não ache que todo toque tem de levar ao sexo. *Toque-a porque você gosta dela.*

Por falar nisso, ver você pegar o aspirador de pó e começar a limpar a casa também pode ser entendido como uma preliminar! Eu sei, quem poderia imaginar?

Um comentário rápido de Dave para as mulheres

Acabei de contar para os rapazes o que você enxerga como preliminar. Mas sabe o que excita de verdade seu marido? Não necessariamente o que você está pensando. Quando você toma a iniciativa no sexo, esse é um afrodisíaco e tanto para ele. Esse gesto lhe diz que você o deseja... E transmite uma sensação de respeito para o homem.

Lembre-se, respeito é a necessidade número um dele. Houve uma tarde em que dirigi uma reunião com toda a equipe da nossa igreja, cerca de 250 pessoas. Ao olhar para as observações que salvara no meu iPad, uma mensagem de texto de Ann surgiu na tela: "Ei, garotão, é melhor chegar cedo em casa esta noite. Pretendo que ela seja pra lá de especial".

Ora, quando ela me chama de "garotão", sei para onde as coisas estão se encaminhando. Duvido que você já tenha visto um orador encerrar sua apresentação mais depressa! Eu disse algo como "Deus acaba de sussurrar para mim: 'Por hoje chega'. Sendo assim, reunião encerrada!". E fui embora tão rápido quanto me permitiu minha condição humana.

Ao tomar a iniciativa de fazer sexo com seu marido — ao menos de vez em quando —, você lhe passa a ideia de que o deseja, e para um homem isso pode ser tão ou mais importante que apenas lhe dizer que o ama. Não porque não nos importa que vocês nos amem, mas porque, em geral, já sabemos disso.

Não guardei nenhum dos cartões de "Eu te amo" que Ann me mandou ao longo dos anos, mas tenho cada um dos "Quero você... Que homem incrível você é" enfiados no fundo da gaveta da minha mesa. Sei que isso pode parecer contrário à intuição das mulheres, mas é como Deus nos fez. Ao mesmo tempo que vocês podem não se sentir amadas se seu homem não lhes "falar", não compartilhar o que sente nem lhes demonstrar afeição e carinho, precisam entender que, quando não querem — nunca — fazer sexo com seu marido, ele talvez se sinta nada mais, nada menos que desrespeitado. Tal a importância dessa questão para ele.

Capítulo 14
O problema do pescoço de Dave (do ponto de vista de Ann)

Era verão de 1981 quando reparei pela primeira vez que Dave tinha um problema sério de pescoço. Estávamos na cidade de Daytona Beach com a Cruzada Estudantil e Profissional para Cristo, na semana do recesso de primavera para a maior parte das faculdades. Participávamos da equipe dessa organização havia pouco menos de um ano. Durante o recesso, a Cruzada costumava mandar estudantes a Daytona para a "Operação Sunshine" — cujo objetivo era contar a outros universitários (que por acaso estivessem fazendo a maior festa na época) que Jesus os amava e tinha um plano para a vida deles.

Em um daqueles dias, quando Dave e eu conversávamos na praia, notei o problema. Veja bem, toda vez que uma linda mulher parcamente vestida passava por nós, Dave parecia não conseguir evitar que seu pescoço girasse em direção a ela, ao mesmo tempo que sua boca se abria, e continuava a observá-la por *todo* o percurso até a praia.

Vou dizer uma coisa: fiquei furiosa com isso! Já estava prestes a resolver o problema estrangulando-lhe o pescoço, isso sim.

— Sério mesmo, Dave? Estou bem aqui do seu lado e mesmo assim você não consegue deixar de ficar paquerando essas meninas?

— Do que você está falando? — respondeu ele com uma inocência em que não acreditei nem por um segundo.

A princípio, achei que ele estivesse brincando, mas logo constatei que essa "observação das meninas" já se tornara tamanho hábito que ele nem se dava conta do que estava fazendo. Claro, talvez você seja dos que dizem: "E daí? Grande coisa. Ele não está fazendo mal a ninguém".

Bem, no nosso caso, você estaria errado — ele estava fazendo mal a mim!

Como muitas mulheres — e homens também, aliás —, eu não era exatamente dona da maior autoestima do Planeta quando o assunto era imagem corporal. O espelho nunca foi meu melhor amigo. Por isso, toda vez que o pescoço de Dave girava feito uma bússola cujo norte eram as meninas na praia, eu tinha a sensação de que alguém me enfiava uma faca no peito. E, por falar em peitos, uma mentira também soava em algum lugar da minha cabeça, dizendo: *Sabe, Ann, se seus seios fossem maiores, Dave não ia nem querer olhar para as outras mulheres. Se você ficasse melhor de traje de banho, ele só teria olhos para você!*

Que tortura para mim!

Eu só tinha 20 anos, portanto queria desesperadamente que meu marido, com quem me casara havia tão pouco tempo, só tivesse olhos para mim. Por fora, eu estava com raiva, mas, por dentro, só tinha vontade de sentar e chorar porque a atitude dele arrancava as minhas inseguranças todas dos respectivos esconderijos e as expunha a céu aberto. Fui para a cama aquela noite tentando voltar a mente para alguma coisa positiva — qualquer coisa que não os pensamentos vergonhosos de que eu tinha coxas demais e seios de menos.

A última ideia que me ocorreu antes de meus olhos se fecharem foi: *Bem, Jesus, pelo menos a praia não estava cheia de garotas de* topless. *Obrigada por me proteger desse perigo!*

Mal eu sabia que Jesus deve ter dado boas risadas da minha oração — ele sabia muito bem o que estava por vir.

Barbies suecas

Avanço rápido para o verão de 1984, quando Dave e eu cursávamos o segundo ano do seminário. Como parte de nossa formação, precisávamos fazer estágio no exterior. Resolvemos encabeçar a viagem com um time de beisebol, já que Dave era líder de um programa de discipulado para universitários praticantes desse esporte. De modo que planejamos ir para a Europa e promover clínicas de beisebol, o tempo todo dizendo a outros jogadores e fãs que Jesus os amava e tinha um plano para a vida deles.

Quando decidíamos se iríamos mesmo, um dos guias da excursão nos perguntou se estávamos cientes de que faríamos as clínicas em uma praia na Suécia onde 1% a 2% das mulheres praticavam *topless*.

Era um dado importante. E *não*... Ninguém nos falara nada a esse respeito. Contudo, raciocinei, seriam apenas 1% a 2%, então não poderia ser *muito* ruim. Afinal, o guia também disse que essas poucas mulheres optavam por ficar nas áreas mais distantes da praia.

De modo que lá fomos nós rumo à Suécia, Finlândia e Alemanha! Estávamos muito entusiasmados para vivenciar nossa primeira viagem missionária e ver o que Deus faria. Aterrissamos na Suécia e saltamos para os carros que nos levariam até o hotel junto à praia. Quando seguíamos para lá, o sueco encarregado de nos acompanhar se virou para nós e perguntou:

— Contaram para vocês que pelo menos metade das mulheres na praia pratica *topless*?

Nããããããão!

Ao estacionarmos na frente do complexo hoteleiro, já me sentia ruim do estômago. Pensei: *Não poderíamos ter nos metido em viagem missionária mais idiota! Pegamos 20 rapazes com quase 20 ou 20 e poucos anos — todos, é bom não esquecer, tentando crescer no relacionamento com Jesus — e os jogamos na praia com um monte de meninas de* topless, *dizendo: "Boa sorte! Agora vão falar de Jesus para todo mundo!".*

Todos os 20 integrantes do nosso grupo entramos no pequeno restaurante do hotel, onde uma refeição já nos aguardava. O salão era pequeno, mas aconchegante, com portas que se abriam para a praia. Os rapazes estavam com fome, e todos nos sentíamos cansados da viagem. Achamos a comida deliciosa. Logo o restaurante se enchia da expectativa do que essa etapa da viagem nos reservava. De frente para a porta que se abria para a praia, eu tinha uma vista incrível da água azul cristalina e da areia branca.

Foi quando aconteceu. De repente o vão da porta foi preenchido por três beldades de matar de tão deslumbrantes, com suas pernas compridas e seios fartos. Barbie e suas duas companheiras eram gente de verdade — e tinham se esquecido de vestir a parte de cima do biquíni!

O restaurante ficou em silêncio na mesma hora — daria para ouvir um alfinete cair. Olhei de relance ao redor da nossa mesa para descobrir vários queixos caídos e bocas escancaradas... Não deu para ver direito, mas talvez houvesse até um pouco de baba empoçando em alguns locais do tampo da mesa.

Então me lembrei do meu marido de 26 anos sentado ao meu lado, e uma onda de medo tomou de assalto meu coração. Virei a cabeça vigorosamente para olhar para ele. O estado em que o encontrei chegava a ser triste — a cabeça abaixada o máximo possível, quase tocando a comida no prato, que ele levava à boca como se nunca tivesse comido na vida, usando o talher de escavadeira. No mesmo instante, me senti aliviada — ainda que só por algum tempo — pelo fato de o problema de pescoço dele não ter se manifestado naquele momento.

Para incentivá-lo, inclinei-me na sua direção e lhe sussurrei no ouvido com toda a doçura do mundo:

— Se você levantar a cabeça por um segundo que seja, será um homem morto!

As trigêmeas da Barbie quase nuas pediram seus drinques no balcão e seguiram alegremente o caminho de volta para a praia. Depois que se foram, súbito o restaurante recuperou o alvoroço com entusiasmo renovado da parte dos jogadores — por que será?

Mas os líderes e treinadores da viagem pareciam um pouco desconcertados se perguntando como fariam para manter os rapazes sob controle e com a cabeça na missão. Eu, por outro lado, fui tomada por medo, pavor e raiva devastadores.

Entregaram-nos as chaves dos quartos que nos tinham sido destinados, mas Dave precisou sair para participar de reuniões. Com isso, fiquei sozinha no nosso quarto — só eu e Deus. Sentia-me machucada, com raiva e medo de que meu marido recente descobrisse que eu deixava a desejar. Minha raiva maior era contra Deus. Sentia que ele me traíra.

Andando de um lado para o outro do quarto, gritei para ele:

— Deus, o Senhor conhece todos os meus medos e inseguranças. Já falei inúmeras vezes que *este* é meu maior pavor. Receio que Dave se arrependa de ter se casado comigo quando poderia ter outra mulher, mais voluptuosa e bela.

A verdade é que, menina ainda, eu mal podia esperar para crescer e ficar parecida com a Barbie. Afinal, ela não era o ícone — o símbolo maior — da aparência que toda mulher deveria ter? Fui bastante atlética durante anos, uma ginasta mesmo, mas minhas curvas antes suaves tinham se convertido em músculos duros, fortes e rijos. Em vez de me transformar na Barbie, parei de crescer e cheguei ao máximo de 1,55 metro — estava destinada para sempre a me parecer com Skipper, a irmã mais nova da Barbie.

E nunca o queixo de ninguém caía quando Skipper entrava na sala.

Ainda às voltas com meu discurso inflamado, senti um pequeno sussurro colidindo com minha raiva. "Ann, você consegue confiar em mim?"

— Não! *Não consigo*, Senhor! Acho que isso ficou bem evidente desta vez!

Mas, enquanto prosseguia com minha fala exaltada, a pergunta continuou retornando-me à mente sem parar. Era incansável: "Ann, consegue confiar em mim?".

Afinal, esgotada pelo medo, pela raiva e pelas lágrimas, caí de joelhos diante de Deus e clamei:

— Senhor, que escolha tenho eu? Confiarei no Senhor! Por favor, me ajude. Agarro-me ao Senhor como meu socorro e guia... Como meu Pai. Preciso do Senhor não só para me ajudar a atravessar essa situação, mas para ajudar *Dave* a atravessá-la também.

Um sentimento de determinação e força começou a tomar conta do meu coração, suficiente para possibilitar que eu dominasse um pouco a ansiedade. De novo tentei me apoderar da lembrança de que Jesus me amava — e também ao Dave — mais do que eu poderia esperar ou sonhar.

Um ponto de virada

Não quero simplificar demais a questão como se o problema de uma vida inteira com o medo e a ansiedade de repente se dissipasse depois de uma curta oração apenas — não, as dificuldades continuaram, mas agora eu contava com paz e esperança para enfrentá-las. Veja bem, o casamento é uma história tortuosa, cheia de curvas e reviravoltas, vitórias e derrotas — não uma coleção de instantâneos fotográficos estáticos.

Emocionalmente, costumamos tratar o casamento — os relacionamentos em geral — como se cada momento de fracasso ou de triunfo ocorrido dentro dele fosse isolado de alguma forma. Um momento ruim é igual a um casamento ruim, ao passo que o momento bom é igual a um casamento bom. Tudo depende do momento que estamos vivendo, não do panorama geral. Esse é um modo tacanho e enfadonho de enxergar seu casamento, pois a verdade é que todos os relacionamentos experimentam tudo que citei anteriormente. Se tentar fazer uma avaliação com base nos altos e baixos, você só estará pedindo para sofrer de enjoo relacional.

Portanto, não, essa experiência não reparou por completo todos os outros problemas do nosso casamento, mas tampouco deveria ser desprezada porque definitivamente algo milagroso aconteceu na viagem às praias suecas. Em outras palavras, aquela viagem foi uma espécie de ponto de virada. Pela primeira vez, Dave conheceu certo nível de sucesso com seu problema de pescoço, e pela primeira vez eu comecei a entender que meu valor não se origina da minha aparência física, não pode ser por ela aumentado, tampouco limitado.

Adquiri uma consciência maior do que nunca da minha identidade mais verdadeira e profunda: sou filha do Rei dos reis e Senhor dos senhores — e ele é um Pai *muito* orgulhoso e protetor. Fui feita e preparada para implementar um plano específico para minha vida, arquitetado por meu Pai celestial de forma singular. Fui feita com um propósito e um destino para tanto satisfazer minha alma quanto refletir o amor de Cristo pelo mundo. Essas verdades são bem mais atraentes que a Barbie ou seus equivalentes humanos, as trigêmeas suecas da Barbie quase nuas.

Quando olho para trás, para aquela tarde de uns trinta anos atrás, acho graça da insignificância do meu dilema. Se ele fosse o problema mais difícil com que teria de lidar, minha vida seria bastante fácil. Mas nunca devemos minimizar a importância das coisas "pequenas" para nosso desenvolvimento emocional, para o crescimento do nosso casamento ou para que o coração do nosso Salvador esteja envolvido em cada aspecto da nossa vida. Que afetuoso da parte de Deus ensinar-nos com toda a paciência a andar com ele e nele confiar nas grandes *e* nas pequenas coisas.

Na verdade, Deus usa a confiança que tem forjado em nós durante as "pequenas" crises para nos sustentar nas grandes. Desde aquela viagem, tenho sido confrontada com questões de vida ou morte de verdade, relacionadas com minha saúde, a saúde dos nossos bebês e a morte da minha melhor amiga e irmã aos 45 anos.

Vezes e mais vezes, em cada uma dessas situações, Deus me fez a mesma pergunta por ele proposta anos atrás, na praia das meninas de *topless*: "Ann, você consegue confiar em mim?".

Nunca é fácil, mas tenho descoberto que sim, *consigo confiar nele*. Deus sempre se faz presente. Sempre me ama profundamente. Carrega-me e nunca me abandona. Consola-me e encoraja-me para que eu mantenha os olhos fitos nele — imagino que se possa dizer que meus olhos tendam a se desviar quando a incerteza ou as crises se levantam.

É a minha versão particular do problema de pescoço.

No livro de Provérbios, uma coletânea da sabedoria de Deus para a vida prática, Salomão escreve: "Confie no Senhor de todo o seu coração e não se apoie em seu próprio entendimento; reconheça o SENHOR em todos os seus caminhos, e ele endireitará as suas veredas" (Provérbios 3.5,6).

Deus nos chama para confiarmos inteiramente nele e em seus caminhos na nossa vida. Reflita sobre seu casamento. Ele funciona bem quando você confia "parte" do coração ao seu cônjuge? Tampouco com Deus. Ele nos convida a esse lugar assustador da confiança total. É como inclinar-se sobre um precipício sem nada para o segurar, exceto uma corda — não há como compreender a plenitude da força e da segurança da corda até você entregar *todo* o peso à tensão dela. Você pode falar sobre a capacidade da corda. Pode entoar cânticos sobre a corda. Pode memorizar estatísticas sobre a corda. Mas enquanto não se pendurar acima do precipício, com o perigo de morte pairando à sua frente, e não experimentar a segurança da corda, você não saberá nada de verdade.

Deus nos convida a que paremos de nos amparar em nosso próprio entendimento das várias versões que criamos para as maneiras pelas quais achamos que ele deveria conduzir nossa vida. E insiste em perguntar: "Você confia em mim?". O convite é à rendição total para lhe permitir trabalhar no plano por *ele* traçado — e executado à maneira *dele* — para nossa vida. O caminho dele é muito melhor que o nosso, não importa quão difícil pareça no momento. O lugar mais seguro — e também mais assustador — sobre a terra é bem no meio do plano divino para você.

Você vai confiar a ele suas decepções? Seus temores? Suas lutas?

Seu casamento?

Seus filhos?

Sua vida?

Confiar nele é a essência de viver na vertical.

Capítulo 15

O problema do pescoço de Dave (do ponto de vista de Dave)

Ah, esse velho problema do pescoço. Conheço-o bem. O ponto de vista de Ann revela com brilhantismo como e quando esse meu *probleminha* surgiu em nosso casamento... E claro, a maioria dos rapazes o chama de "probleminha" na tentativa de esconder que ele nada tem de pequeno.

O problema se apresenta de maneira muito simples. Sou homem, o que significa que sempre gostei de olhar para mulheres lindas. Ainda guardo lembranças vívidas de quando tinha 12 anos e comecei a perceber as novas curvas de Sally, minha vizinha, até então uma simples amiga da rua.

Esse *status* de amiga mudou mais do que depressa!

Nunca eu reparara em Sally ou em outras meninas, que agora recebiam minha completa atenção. Até então, brincar com as meninas da rua era a mesma coisa que brincar com os meninos da rua. Mas como Peter Parker, que um belo dia acordou com os "sentidos de aranha", um belo dia acordei com o sentimento intenso de que agora havia algo inteiramente diferente em Sally — aliás, em mim também. De uma hora para outra, sentia por ela não só o que nunca sentira por ninguém, como nunca experimentara em absoluto. Coisas em meu corpo provocavam esses sentimentos e sensações.

Todo homem sobre a face da terra sabe com exatidão do que estou falando. Assim, da puberdade em diante, fui acometido do que Ann chama de meu "problema do pescoço". Olhar para as mulheres que passavam era algo em que nunca nem sequer pensara antes que me fosse chamada a atenção para esse fato, que me controlava sem que eu o soubesse, porque, tanto quanto eu podia perceber, também controlava todos os rapazes que eu conhecia, como algo que fizesse parte de ser homem.

Veja bem, é assim que os homens costumam encarar esse "problema" — ou seja, seus desejos sexuais — como se tais desejos fossem uma condição médica irreversível e incontrolável para a qual não existisse cura e pela qual não poderíamos ser responsabilizados. Um modo perigoso de pensar, pois justifica ideias e atos negativos. Esse é um modo perigoso de pensar, porque justifica raciocínios e atos como se fossem inofensivos, incontornáveis e inevitáveis. Passamos a considerá-lo uma espécie de crime sem vítima porque não pensamos nas mulheres reais para as quais olhamos cheios de desejo lascivo, mas apenas na imagem delas, convenientemente separada de seu valor e humanidade.

Ora, vamos!, pensamos. *Homem nenhum consegue evitar a cobiça por essas garotas sensuais. Deus me fez assim!*

Isso é só meia verdade. De fato, Deus nos fez indivíduos sexuais, mas não para sermos incapazes de controlar nossos desejos. Ele nos forneceu as Escrituras, seu Espírito e seu povo, equipando-nos assim para não sermos controlados pelos desejos, mas, sim, para ajudarmos esses desejos a encontrarem o lugar que lhes é apropriado, gratificante e, sim, incrivelmente divertido dentro de um casamento saudável e apaixonado.

Acontece que muitos homens não chamariam isso de problema — mas de simples biologia. Contudo, não fomos criados para ser dominados pela biologia; antes, temos sido capacitados pelo próprio Criador da biologia. Fomos feitos para ter autocontrole inclusive nessa área da vida.

Negação em Daytona

A verdade é que eu nunca soube que tinha um problema até Ann chamar minha atenção para ele na igreja, em nossa primeira viagem para Daytona Beach. Sou sincero quando digo que nunca me dei conta de que fazia esse tipo de coisa — esticar o pescoço e virá-lo para desfrutar com os olhos de toda mulher parcamente vestida que por acaso passasse por mim, mesmo quando minha esposa assistia a tudo, cheia de vergonha e insegurança. Tornara-se um fato tão normal da minha vida que, quando Ann me confrontou, neguei. Pensei mesmo que ela enlouquecera e se excedia na reação. Concluí que estava se mostrando sensível demais e exagerava meus atos para criar drama ou chamar minha atenção.

Fossem quais fossem os meus protestos, sem dúvida Ann conseguiu minha atenção.

Quando saímos da praia e voltamos para o quarto, ela me fez sentir a mágoa profunda que o "problema de pescoço" lhe causava. Contou-me que minhas atitudes levavam-na a se sentir diminuída e feia. Também falou do quanto se sentia constrangida porque as pessoas com certeza me viam cobiçando outras mulheres. Ann era uma mistura de feroz indignação e lágrimas — e o fato de eu negar a história toda não ajudava em nada. Como as pessoas costumam fazer quando se justificam, comecei a utilizar uma linguagem autoritária. Afirmei que "nunca, jamais, olho para outras mulheres". Isso mesmo, cheguei ao ponto de usar os termos "nunca" e "jamais".

Talvez o exagerado fosse eu... O que você acha?

Ainda assim, defendi meu território, embora Ann não me desse o menor crédito nem por um segundo. Aquela mesma noite, comparecemos a uma importante reunião social em que resolvi me submeter à minha própria avaliação (uma vez que era evidente ser impossível confiar na de Ann) para ver se de fato eu olhava tanto assim para as outras mulheres. Claro, sabia que minha esposa me observaria quando eu conversasse com as pessoas no salão, de modo que aquela também representava minha oportunidade de provar que ela estava equivocada. Além disso, nenhuma das mulheres daquele evento estaria de biquíni, como as meninas na praia, então que dificuldade teria para manter minha "energia masculina" concentrada só em Ann? Perto do fim da noite, eu teria descoberto que a dificuldade era bem maior do que eu esperara.

Odiei ter de admitir, mas Ann estava certa: eu tinha mesmo um problema de pescoço.

Um acordo com os meus olhos

Agora que meus olhos estavam abertos não apenas para a presença de outras mulheres, mas também para a maneira com que até então eu as observara, comecei a reavaliar com sinceridade os meus padrões. Sem dúvida, parecia mesmo ser natural para mim que meus olhos seguissem toda mulher atraente que se aproximasse ou que entrasse no meu campo de visão. Ann tinha razão. Pois bem, mas, em termos de suas *conclusões* acerca do meu olhar errante, eu continuava não concordando. Quer dizer, não era como se eu quisesse fazer sexo com toda mulher que visse... Não era um animal. Foi essa a linha de raciocínio que segui para justificar meu problema de pescoço.

A essa altura, no entanto, pelo menos eu já aprendera a lidar com o fato de que realmente lançava longos olhares para as mulheres o tempo todo — e não apenas mirava o seu rosto; meus olhos subiam e desciam por seu corpo.

A coisa toda me parecia uma loucura porque nunca antes eu notara meu problema. Embora continuasse protestando contra o nível dos protestos de Ann, não podia negar o fato de que lá estava eu bem ao lado dela, sabendo-me vigiado como por um gavião e, mesmo assim, tendo de lutar com todas as minhas forças para manter os olhos longe das outras mulheres.

A verdade ainda mais maluca era que eu adorava Ann e a considerava a mulher mais linda que já conhecera. Não desejava olhar para as mulheres porque me sentisse insatisfeito com nosso casamento ou com minha esposa — nada poderia estar mais distante da realidade. Contudo, eu parecia ter desenvolvido um hábito muito ruim e que nunca confrontara até então — coisa que, estou convencido, a maioria dos homens não faz.

Você não tem de procurar aconselhamento profissional para saber que o primeiro passo para lidar com qualquer problema é reconhecer que se tem um problema. Aquela noite, dei meu primeiro passo. Reconheci para Ann, para mim mesmo e para Deus que eu tinha esse problema de olhar de maneira inadequada para as mulheres. Meu maior desejo era honrar Ann e Jesus com meus olhos, por isso firmei o compromisso com ambos de assumir o controle dos meus olhos.

Jó disse: "Fiz acordo com os meus olhos de não olhar com cobiça para as moças" (Jó 31.1). Aquela noite, estabeleci o mesmo acordo. Não permitiria mais que meus olhos vagassem sem restrição, olhando fixo e cheios de lascívia para mulheres que não eram minha esposa... Nunca mais! A partir do momento em que parei de lutar contra o fato de que tinha um problema, essa solução pareceu mais simples — ou seja, que dificuldade ela poderia ter? Estava pronto para enfrentar meu problema e vencê-lo.

O caminho da transformação

Superar meu problema acabou se revelando bem mais difícil do que pensei. Comprometido com esse padrão por mais de dez anos, nem uma única vez eu tentara parar porque nunca pensei que devesse fazê-lo. Ficou evidente que, se eu pretendia manter o novo acordo, teria de sujeitar minha mente a um trabalho sério. Meu olhar errante e o "problema de pescoço" eram meras extensões da minha mente.

Eu me tornara preguiçoso, permitindo que minha mente abrigasse pensamentos relacionados com as mulheres que acompanhava com os olhos. Agira como se meu "problema de pescoço" fosse inocente, mas a verdade — como acontece com a maior parte dos homens com o mesmo problema — era que eu despia as mulheres em minha imaginação. Fantasiava, mesmo que por poucos segundos a cada vez, que estava fazendo sexo com elas. Aceitara esse tipo de pensamento antes de me casar e agora percebia que levara esse padrão para dentro do meu casamento.

Precisava parar com isso, e *já*!

Muitos homens querem iniciar a jornada da transformação pela simples implementação de alguma disciplina ou hábito novo, a fim de anular um hábito antigo. Não me entenda mal, isso pode ser útil, mas o caminho para a transformação não começa com a pessoa fazendo por si só o que for necessário para ela mudar — essa é a abordagem horizontal. O que mais necessitamos é da *vertical*.

Eu tinha mais que um mau hábito; era dono de um coração que cobiçava outras mulheres. Sim, esse coração amava Jesus e queria agradá-lo — meus erros não haviam anulado sua graça em minha vida. Mas agora eu precisava dessa graça mais do que nunca, não só para me perdoar, mas também para me equipar com a capacidade sobrenatural de fazer mais do que desviar apenas os olhos, mas também o coração.

Boas práticas ajudam, mas são impotentes em se tratando de transformar um coração. Todavia, quando reconhecemos nossa necessidade diante de Deus e cremos acertadamente em nosso pecado e que precisamos de sua justiça vertical, um poder superior ao nosso começa a interferir na situação. Deus faz o que nunca conseguimos fazer, como deveríamos esperar e supor que ele faria. Queremos mesmo experimentar uma transformação cuja força está limitada à nossa capacidade de nos disciplinarmos? Essa não parece uma graça muito maravilhosa, de jeito nenhum.

Por isso, comecei reconhecendo meu problema e minha necessidade de Deus para me transformar o coração. Não o insultei tentando mudar a mim mesmo primeiro para então comparecer em sua presença depois que meu plano falhou. Apresentei-me diante dele como a Fonte da minha transformação — de qualquer transformação que interesse ou perdure. Não, pode ser que nem sempre você sinta um enorme "a-ha!" no coração, ou o completo afastamento de toda tentação ao procurar Deus primeiro. Mas creia-me, quando você pedir, de imediato ele começará em seu interior justamente a transformação que você nunca pode produzir em si mesmo.

Práticas espirituais

Depois de ter começado pela dimensão vertical, podia então tratar também da horizontal. No meu caso, fiz isso implementando novas práticas e disciplinas que refletissem a mudança de coração que eu acreditava que Deus estava operando em mim. A prática que mais me ajudou na superação desse hábito foi a meditação nas Escrituras e a memorização de trechos dela.

Sempre estudei a Palavra de Deus, lendo-a e analisando-a diariamente, mas nunca atacara um problema específico em minha vida com a aplicação direta da Bíblia. Por isso resolvi passar os seis meses seguintes memorizando o capítulo 3 da carta de Paulo aos Colossenses e nele meditando todos os dias. Todavia, a verdadeira razão pela qual me ocorreu fazer tal coisa veio do que Paulo escreveu sobre como Deus renova nossa mente:

Portanto, irmãos, rogo pelas misericórdias de Deus que se ofereçam em sacrifício vivo, santo e agradável a Deus; este é o culto racional de vocês. Não se amoldem ao padrão deste mundo, mas transformem-se pela renovação da sua mente, para que sejam capazes de experimentar e comprovar a boa, agradável e perfeita vontade de Deus. (Romanos 12.1,2)

Nessa passagem, vemos que Paulo instrui os que creem a não mais copiar os padrões do mundo. A maioria dos homens no mundo de hoje não pensa duas vezes antes de olhar para as mulheres e cobiçá-las... *todas* elas. Esse é o padrão do nosso mundo: coisificar as mulheres como objetos sexuais em vez de enxergá-las como pessoas criadas por Deus, dotadas de valor infinito à parte de seu corpo ou capacidade de satisfazer as fantasias sexuais de alguém.

Mesmo que esse modo de pensar pareça direto e rude, a realidade prática é que nossa cultura o considera parte do que significa ser um homem. Nosso lema se tornou: "Que mal há, desde que eu fique apenas olhando as vitrines?". Paulo ensina que devemos rejeitar esse tipo de pensamento e escolher, em seu lugar, sermos *renovados* em nossa mente — em resumo, passando a considerar os caminhos verticais de Deus superiores aos processos de pensamento horizontais da nossa cultura.

Contudo, como nossa mente é renovada? Paulo responde a isso no versículo 1: "[...] ofereçam seus corpos a Deus [...] [como] um sacrifício vivo [...]". Ele invoca uma imagem do Antigo Testamento em que o sacerdote imola um animal em sacrifício e o oferece como pagamento pelo pecado. Na verdade, o apóstolo diz que temos de morrer em nossos desejos e oferecer-nos vivos para Deus. Isso significa dar-lhe tudo — inclusive as porções da vida que são embaraçosas para admitir, como meu problema de pescoço.

Costumamos espiritualizar tanto conceitos como esse que deixamos até mesmo de tentar aplicá-los a questões "terrenas".

Mas note bem o uso específico por Paulo do termo "corpos". O jeito com o qual você olha para a menina que passa por sua mesa no restaurante — ofereça *essa* situação que já é familiar a você como um sacrifício a Deus.

E, se vamos oferecer tais coisas a Deus, ele nos renovará a mente por meio de sua Palavra. Foi o que me levou a Colossenses 3.1-10, uma passagem repleta de verdades sobre nossa mente:

> Portanto, já que vocês ressuscitaram com Cristo, procurem as coisas que são do alto, onde Cristo está assentado à direita de Deus. Mantenham o pensamento nas coisas do alto, e não nas coisas terrenas. Pois vocês morreram, e agora a sua vida está escondida com Cristo em Deus. Quando Cristo, que é a sua vida, for manifestado, então vocês também serão manifestados com ele em glória.
>
> Assim, façam morrer tudo o que pertence à natureza terrena de vocês: imoralidade sexual, impureza, paixão, desejos maus e a ganância, que é idolatria. É por causa dessas coisas que vem a ira de Deus sobre os que vivem na desobediência, as quais vocês praticaram no passado, quando costumavam viver nelas. Mas, agora, abandonem todas estas coisas: ira, indignação, maldade, maledicência e linguagem indecente no falar. Não mintam uns aos outros, visto que vocês já se despiram do velho homem com suas práticas e se revestiram do novo, o qual está sendo renovado em conhecimento, à imagem do seu Criador.

Eu me oferecera inteiro para Deus, portanto agora resolvi lhe permitir que me renovasse a mente memorizando *seu modo de pensar* em lugar do meu. De modo que decorei esses dez versículos com o objetivo de meditar neles dia após dia durante mais de seis meses. Acabei fazendo isso um ano inteiro. A cada dia, ao acordar, eu memorizava mais um trecho da passagem, dedicando quase uma hora ao estudo e meditação do que essa porção das Escrituras ensina.

Por meio desse processo, crendo e sujeitando meu corpo e vontade, Deus foi aos poucos reeducando minha mente de maneira que se detivesse em Cristo, não em coisas terrenas... como o corpo das mulheres. À medida que eu mergulhava em seus caminhos, ele cumpria sua promessa renovando-me a mente. E imagine o que aconteceu — quando a minha mente e o meu coração começaram a ser renovados e transformados por Cristo e sua Palavra, os meus olhos os acompanharam.

Não aconteceu da noite para o dia, mas devagar meu problema de pescoço foi diminuindo. Seis meses depois, Ann perguntou: "Você já percebeu que não fica mais olhando para as mulheres quando elas passam?". Esse momento representou uma pequena, mas significativa, vitória em minha vida e no nosso casamento.

Na época eu não sabia, mas essa vitória não duraria muito tempo.

A pequena caixa preta

Apenas quatro anos depois, fui nomeado capelão do Detroit Lions, time de futebol americano profissional. Era a realização de um sonho. Cinco anos antes, recusara a oferta de um agente independente para fazer um teste para trabalhar com um time da NFL e de repente me tornava capelão de outro time.

Ann e eu acabávamos de nos formar no seminário na Califórnia. Com tão pouco tempo depois de receber meu título de mestre em Divindade, estávamos de mudança para Detroit. Com uma semana na cidade nova, eu já frequentava o campo de treinamento do Lions. Poucos dias depois, embarquei no avião do time para nosso primeiro jogo de pré-temporada em Seattle.

Tudo isso era novo para mim e muito empolgante.

Aterrissamos em Seattle e fizemos o *check-in* no hotel. Raras vezes me hospedara em um lugar daquele calibre — um luxuoso *resort* cinco estrelas. Ao pegar a chave do meu quarto, constatei que ficaria sozinho, como acontecia com todos os membros da equipe. *Sem problema*, pensei. *Isso me dará bastante tempo para trabalhar no sermão que apresentarei para o time no culto de amanhã cedo.*

Quando entrei no meu quarto e pus as malas no chão, notei uma pequena caixa preta acima do aparelho de TV. Havia um cartão preso à caixa explicando como ela funcionava. Era um serviço digital para locação de filmes — tenha em mente que estávamos em 1985. Essas caixas desapareceram há muito tempo, mas era assim que se alugava filmes na época.

Parei na frente da TV e li o cartão. Resumindo, havia seis opções de filmes: três "hollywoodianos" e três pornôs. Lendo as descrições de cada um, meu coração se acelerou. Descobri-me atraído pelos pornôs. Já passara os olhos muito rápido por filmes eróticos da Playboy ou da Penthouse na época da faculdade, mas nunca me sentira tão atraído para ver nada que extrapolasse muito isso — e com certeza nunca assistira a um filme pornô na vida.

No entanto, lá estava eu com um desejo crescente de conferir um daqueles filmes. Sentia meu coração literalmente martelar dentro do peito. Enquanto examinava o cartão, a adrenalina corria por meu corpo. Sabia, só de ler o resumo, que os filmes pornôs eram proibidos para mim. Nada me faria comprometer meu casamento, meu ministério e minha caminhada com Cristo assistindo a um filme de sexo.

Mas então eu li o último parágrafo do cartão dizendo que o aluguel do filme não seria lançado nas despesas do quarto, a menos que ele fosse assistido por mais de cinco minutos. Hummm, isso queria dizer que eu podia ver quatro minutos e quarenta e nove segundos sem ninguém descobrir.

Essa informação mudava tudo.

Liguei a TV. Apertei o botão de acesso a um dos filmes pornôs. Fiquei parado na frente da TV assistindo a cerca de trinta segundos de pornografia e em seguida desliguei o aparelho.

Foi quanto bastou — esses trinta segundos mudaram minha vida.

Meu casamento.

Meu legado.

Minha caminhada com Deus.

Sou sincero quando digo que não me lembro do que fiz em seguida, mas provavelmente incluiu cair de joelhos e confessar meu pecado. Andei para todo lado a noite inteira sob o peso da culpa e da vergonha. Quando conversei com Ann pelo telefone, "me escondi" — acho que você entende o que estou querendo dizer. O tempo todo não me saía da cabeça que, na manhã seguinte, no culto para o Detroit Lions, eu teria de me posicionar diante de todo o time de futebol e falar, sabendo que estava encobrindo um pecado.

Que jeito de começar meu ministério na NFL.

Dissimulação

Quando voltei para casa, Ann me bombardeou com perguntas sobre minha primeira viagem na NFL. Estava entusiasmada para ouvir os detalhes, mas eu só conseguia pensar no meu pecado. Agora eu tinha um segredo.

Nunca guardara segredos de Ann. Tínhamos um casamento de absoluta transparência. Quando namorávamos, juramos sempre contar tudo um para o outro, por difícil que fosse. Agora eu estava quebrando esse juramento — nada me faria contar a Ann o que fizera. Ela ficaria arrasada, ainda mais depois que eu vencera meu "problema de pescoço" vários anos antes. O que tinha feito?

Afinal resolvi que dissimular era a melhor opção porque, afinal de contas, *nunca* mais faria nada parecido outra vez — pelo menos, era o que pensava.

Na viagem seguinte dos Lions, subi para meu quarto de hotel e a batalha recomeçou, como se eu nunca tivesse deixado aquele primeiro quarto. Assim que vi a caixa preta em cima da TV, envolvi-me na maior briga da minha vida. Custava-me sinceramente acreditar no poder esmagador do desejo de ver filme pornô outra vez. Minha carne ansiava por dar mais uma olhadinha em mulheres nuas e sexo.

Depois de muita luta, acabei acionando outra vez o botão para aluguel do filme, do qual assisti cerca de quarenta e cinco segundos. Vi mais carne e mais atos sexuais — imagens que ficaram gravadas como que com fogo em minha alma. De novo confessei meu pecado a Deus e prometi nunca mais assistir a nada parecido. Racionalizei que não fora tão ruim porque na verdade nem chegara a alugar um filme inteiro.

Dissimulei outra vez no telefone com Ann — sim, agora meu segredo estava ficando maior.

Quando voltei da viagem, Ann logo sentiu algo diferente em mim. Perguntou-me diversas vezes qual era o problema. Limitei-me a responder:

— Problema nenhum, está tudo ótimo! — Mas ela continuou insistindo até que acabei lhe falando com rispidez e raiva. Agora eu não tinha só um segredo; também começara a contar mentiras.

Prefiro poupar você dos detalhes, mas esse padrão de pecado e dissimulação durou três meses. Nunca aluguei um filme inteiro, mas continuei assistindo a um ou dois minutos de pornografia a cada viagem do Lions. Oh, e claro que confessava meu pecado e pregava um sermão para a equipe na manhã seguinte a respeito de como é a vida de um "homem de Deus".

Meu coração foi sincero cada vez que me arrependi, mas me sentia um hipócrita completo — porque era mesmo.

Se isso não bastasse, também menti acerca do meu problema para os homens do grupo de prestação de contas que eu frequentava. Toda manhã de quarta-feira, reunia-me com meus três melhores amigos, e nós prestávamos contas uns aos outros se estávamos vivendo de acordo com aqueles que dizíamos ser nossos maiores compromissos: com Jesus, com a esposa e os filhos e com nossa integridade. Acima de tudo, queríamos ter uma vida condizente com nossas palavras. A cada semana, perguntávamos uns para os outros sobre os pensamentos que tínhamos na vida e quaisquer questões de pureza sexual que porventura enfrentássemos — e fazíamos questão de saber ao que vínhamos assistindo. Toda semana, quando a conversa vinha para o meu lado, eu dizia:

— Estou bem! Não há nada impuro acontecendo comigo.

Eu não passava de um mentiroso deslavado.

Esse padrão de comportamento apodreceu meu interior, envenenando minha vida e meu casamento com impureza e vergonha insuportáveis, até que afinal, depois de mais uma viagem com o time recheada de pecado, não consegui mais continuar mentindo daquele jeito. Comecei a chorar e contei tudo para Ann — tudo que você acaba de ler e mais ainda.

Foi um dos pontos mais degradantes da minha vida.

Arrasada, Ann ficou machucada e com raiva — ao extremo. Retomou os sentimentos de inadequação, como se meu desejo de ver pornografia significasse que ela não era bela o suficiente — ou boa o bastante na cama. Expliquei-lhe que o problema não tinha nada a ver com essas coisas, mas claro que ela não conseguia acreditar em mim ou me entender. Droga, nem eu entendia.

Então veio a raiva. Com razão, ela ficou furiosa comigo por ter mentido para ela durante todos os meses em que encobri o que vinha acontecendo. Não podia mais confiar em mim. Para onde tudo isso levaria? Que outros pecados eu vinha dissimulando? O problema acontecera só nos últimos meses mesmo ou na minha vida inteira?

Um juramento quebrado corroera a integridade da base de todos os outros juramentos que um dia lhe fizera.

Gostaria de poder dizer que meu pecado desapareceu a partir do momento em que foi escancarado. Eu ainda lutava para controlar o desejo e fraquejei muitas vezes. Quando Ann perguntava alguma coisa, eu mentia de novo e de novo e de novo. Então, depois de algum tempo, incapaz de lidar com o sentimento de culpa, eu lhe confessava tudo, o que a deixava com mais raiva ainda por eu ter mentido tantas vezes. Agora ela me via não só como um viciado em pornografia, mas também como um mentiroso compulsivo.

Não se esqueça, tudo isso acontecia ao mesmo tempo que ajudávamos a liderar uma igreja extraordinária que crescia aos milhares a cada ano.

Como você já deve ter imaginado, essa luta tinha camadas múltiplas sobre as quais eu poderia falar durante anos, mas basta dizer que a verticalização não é um ato solitário, singelo. Esse problema assolou minha vida e ameaçou destruir nosso casamento e ministério, mas a graça de um Deus vertical nos manteve unidos.

Ann e eu acabamos encontrando vitória em nossa luta — bem, na verdade, em *minha* luta. Fui liberto do vício em pornografia. Por toda parte do país em que falamos (toda mesmo), casais se aproximam e pedem ajuda nessa área. As tentações da pornografia e sexual são assassinas silenciosas na igreja, e pouquíssimas pessoas estão dispostas a falar abertamente sobre o assunto, muito menos admitir que têm um problema.

Para ser franco, o plano original não era dedicar um capítulo inteiro a esse assunto, mas Deus parecia nos conduzir nesse sentido. Assim, esperamos que ele possa ajudar você ou alguém que você conhece e está travando essa luta intensa.

Passos para lidar com a tentação sexual

Passo 1: Conte para seu cônjuge

Se você vem lutando contra a tentação sexual, é hora de abandonar a escuridão e *contar tudo a seu cônjuge*. Você não vencerá a batalha sozinho, e, por difícil que seja, expor o problema à luz é sempre o melhor.

É da natureza humana dissimular o pecado. Herdamos esse traço de Adão e Eva no jardim do Éden. Eles usaram folhas de figueira para encobrir seu pecado; nós usamos todo tipo de coisa para encobrir o nosso. Chega de dissimulação. Peça ajuda a Deus e então conte tudo ao seu cônjuge. Ele ou ela pode gritar. Chorar. Dizer: "Preferiria que você nunca tivesse me contado!". Ann, que fez e disse tudo isso, hoje diria a você que está contente por eu ter tido a coragem de me abrir com ela.

Parece loucura, mas ela confia mais em mim agora do que nunca, e pelo menos em parte a razão disso é o fato de ela me conhecer por dentro e por fora. Não sobrou nenhuma fachada. Não restou nenhuma máscara. Ann me conhece melhor que qualquer outra pessoa no Planeta, e essa transparência tem levado ao restabelecimento de uma confiança maior do que aquela que um dia destruí.

Passo 2: Aceite a ajuda de outras pessoas

O primeiro passo é contar a seu cônjuge, mas o segundo, crucial, é contar a alguma outra pessoa *além* do cônjuge. Homens precisam contar a outro homem, provavelmente a mais de um. Existe segurança na força e sabedoria dos grupos. Isso também vale para as mulheres — que costumam encontrar ainda mais força nos números maiores. Em outras palavras, os homens tendem a necessitar de mais um ou dois homens, enquanto as mulheres preferem mais uma... ou talvez mais 15... mulheres!

A pessoa que você deve procurar *tem* de ser do mesmo gênero seu, é evidente. Você sabe disso, certo? Você, homem, nunca deve falar com a esposa de ninguém sobre sua tentação sexual. Você precisa de alguém que entenda como sua luta é difícil porque essa pessoa consegue se identificar com ela.

Lembro-me de ter contado a um dos meus melhores amigos sobre minha luta. Ele não me condenou; em vez disso, concordou alegremente em cobrar de mim uma mudança de atitude. Por causa dessa bondade e disponibilidade iniciais, senti-me bem em acolhê-lo em meu problema quando a tentação se manifestasse.

Contudo, ele não tocou no assunto durante seis semanas depois de nossa conversa inicial. Entendi que naquele momento esse amigo não era o sujeito certo para me cobrar. Essa é uma luta diária que precisa ser tratada dia após dia, ainda mais no começo da jornada rumo à vitória.

Passo 3: Cerque-se de proteção

A tentação sexual se assemelha a todas as outras e, no entanto, tem profundas diferenças das demais. Nenhuma outra tentação é tão implacável; pornografia vicia e, se você se permitir acessá-la, cairá — seja você quem for ou quão forte se imagine.

Portanto, você precisa bloquear todas as vias de acesso ao seu pecado. Na minha casa, não posso assistir a nada na TV a cabo não recomendado para menores de 17 anos desacompanhados de um adulto. Ann tem o código de bloqueio desses canais e nunca me deixará saber qual é ele — uma bênção isso! Para nossa felicidade, ela não luta contra esse pecado, mas não podemos agir como se não fosse esse o meu caso.

Meu computador e aparelhos digitais todos têm *softwares* de proteção instalados para evitar que eu consiga acessar algo errado em um momento de fraqueza. É um exagero? Quero dizer, continuo tão fraco assim? Para se franco, não pretendo descobrir essa resposta — por isso eliminei em caráter definitivo a possibilidade de me descobrir no meio de uma tentação que poderia ser contornada. Algumas não há como evitar, mas outras sim.

Nos últimos vinte e cinco anos pastoreando a minha igreja, nunca fiquei sozinho com outra mulher que não fosse Ann. Nunca aconselho mulheres sozinho. Há um janelão no meu escritório de modo que as pessoas consigam enxergar seu interior o tempo todo. Conto com o auxílio da mesma assistente há mais de vinte e cinco anos, e nunca fizemos uma refeição juntos nem viajamos de carro só nós dois. Por que um nível tão alto de segurança? Por querer estar sempre acima de qualquer suspeita e nunca dar espaço para minha carne se levantar e me derrubar.

Trata-se de um problema extremo, portanto não se esquive de tomar medidas extremas.

Passo 4: Mesmo quando não estiver caindo, dobre seus joelhos

Sim, é fundamental estender as mãos para Deus depois de cair, mas permita-me incentivar você a continuar recorrendo a Deus em busca de força a *cada* dia, *todos* os dias, mesmo sem ter transigido com o pecado. Você *não tem como* vencer essa batalha com as próprias forças — basta perguntar a qualquer um que já tenha tentado fazê-lo. Seria bem mais fácil se você acreditasse nisso e não tivesse de aprender da maneira mais difícil.

Seu andar com Jesus é a base vertical para a vitória nessa e em todas as áreas da tentação. Não estou falando de uma vitória do tipo "esforce-se mais". Você jamais vencerá na vida cristã apenas "esforçando-se mais". Precisa se inclinar diante daquele que já fez a obra, permitindo que sua vulnerabilidade diante dele e de seu povo o leve a um estilo de vida em que você é treinado na sabedoria, seja por meio de disciplinas espirituais diárias, seja pelo simples hábito consistente das conversas sinceras. Essa é a essência de exercitar-se na piedade (v. 1Tm 4.7).

Capítulo 16
Total comprometimento

Como todo mundo, eu (Dave) adoro aniversários — bem, talvez um pouco mais que todo mundo. Para Ann, no entanto, os momentos especiais do nosso casamento ocupam um plano de importância muito diferente. Ela *ama* fazer festa, estabelecendo para cada marco do caminho um momento memorável. Na verdade, um de seus lemas na vida é "crie uma recordação" — e ninguém é melhor nisso que ela. Em casa, os aniversários parecem desfiles da Disney, incluindo os fogos de artifício, as serpentinas e os presentes surgindo de repente de todos os cantos.

Imagine então o nosso vigésimo quinto aniversário de casamento. Não sou bobo — pelo amor de Deus, até eu sabia da importância dessa data. Seria um quarto de século juntos! Em um momento histórico superimportante como esse, eu tinha de preparar algo *sensacional* para Ann.

Comecei a pensar no assunto em setembro, nove meses inteiros antes do nosso aniversário em maio. Não se deve ignorar a antecedência com que meus processos mentais se puseram a trabalhar. Queria surpreendê-la com algo extravagante e que ela amasse.

Ann adora viajar, por isso comecei a imaginar mil maneiras de conseguirmos voar para algum lugar superespecial — coisa que, para quem vive no sempre gelado estado de Michigan, costuma significar um destino quente.

Acontece que nesse ponto meu processo mental, embora tão antecipado, esbarrou em um inimigo já bastante conhecido. O problema de viajar para locais exóticos ao sul de Michigan é que eles custam dinheiro. *Montes* de dinheiro. Na verdade, deveriam oferecer cupons de desconto ou algo parecido para quem já está na fronteira. Mas, por enquanto, eu não podia contar com essa hipótese.

Assim, arquitetei um plano engenhoso.

Ele consistia em começar a orar em setembro pedindo a Deus uma viagem para o México em maio... E *gratuita*! Não estou brincando. Ajoelhei-me a cada manhã e pedi a Deus que nos levasse para um *resort* mexicano em algum período de maio sem que nos custasse nada. Deus pode tudo, certo? E quer que sejamos específicos na oração, concorda?

Eu fui.

Dia após dia.

Durante meses.

E sem falar nada a esse respeito para Ann. Era um acordo especial entre mim e Deus. Os meses de inverno deram lugar às férias, mas nenhuma viagem para o México se materializou. Continuei orando. Passaram o Dia de Ação de Graças, o Natal e o Ano-novo.

Nada.

Assim, quando janeiro chegou, comecei a achar que seria melhor arranjar outro plano porque parecia que Deus não estava cumprindo sua parte do trato, mesmo eu cumprindo a minha e lhe suplicando diariamente.

Foi então que o milagre aconteceu.

Tendo acabado de descer do palco, depois de pregar em uma manhã de domingo, um jovem casal que eu nunca tinha visto se aproximou. Ele se chamava Derek e a noiva, Tiffany. Prestes a se casar, queriam saber se eu estaria disponível para oficiar a cerimônia. Elenquei para eles os procedimentos pré-nupciais exigidos por nossa igreja, e a resposta é que se submeteriam a todos, mas precisavam da minha resposta imediata. Como eu quisesse saber por que a pressa, ouvi palavras preciosas — de que jamais me esquecerei.

— Bem, nosso casamento será em maio próximo, em um *resort* com tudo incluído no México — respondeu Derek. — Tiffany e eu levaremos você e sua esposa sem custo algum para lá, onde poderão ficar por uma semana, caso o senhor concorde em fazer nosso casamento.

Prestou atenção à parte do "*sem custo algum*"?

E à parte do "*com tudo incluído*"?

Mais importante ainda, entendeu mesmo a parte do "*sem custo algum*"?

Aquilo não ficava nada a dever a um milagre do tamanho de Deus. Pulei para os braços de Derek e dei-lhe um beijo no rosto, o que não teve nada de esquisito. Ele só não fazia ideia de que Deus acabara de responder a meses de orações.

Ann e eu nunca nos hospedáramos em um *resort* com tudo incluído. Na minha língua, "tudo incluído" é outro nome que se dá ao "sonho de todo pão-duro" — não sou linguista, mas acredito ser isso mesmo. Bem, mas seja como for, quando você chega a um desses *resorts*, eles lhe dão uma pulseira que avisa para todo mundo que, daquele momento em diante e até a hora de ir embora, tudo que existe ali dentro é absolutamente gratuito para seu desfrute e o deleite do seu coração. Sem que cobrem nada pela comida. Sem que cobrem nada pelas bebidas. Sem que cobrem nada. Tudo incluído no pagamento da taxa de registro — coisa que, lógico, Derek e Tiffany tinham providenciado.

Ann e eu passamos os primeiros dias da viagem relaxando ao sol daquele paraíso mexicano com tudo incluído.

Praticamente ignoramos o fato de haver tanta gente em nosso pequeno refúgio particular. No terceiro dia, quase me esquecera por completo da cerimônia de casamento iminente de Derek e Tiffany quando trombamos com os noivos.

— Ei — cumprimentaram-nos —, esperamos que possam ficar um pouco conosco e os outros convidados do casamento. Trouxemos vocês aqui para nos ajudarem a influenciar nossos amigos que não vão à igreja. Imaginamos que vocês dois seriam uma influência positiva para eles, em relação a Jesus.

Pois bem, eis um conceito: por intermédio de uma cerimônia de casamento, causar influência positiva sobre as pessoas em relação a Jesus. Derek e Tiffany levavam a sério o casamento deles, não só como oportunidade para desfrutar do México. Abraçamos o conceito na mesma hora.

Perguntamos o que fariam aquela noite. Sugeríramos que nos juntássemos a eles e seus amigos no jantar. Em seguida, assistiríamos todos a um dos *shows* do *resort*. Dissemos-lhes que estaríamos lá.

Ann e eu chegamos cedo e escolhemos lugares na frente do salão de baile externo. Devia haver mais de cem mesas de jantar diante do enorme palco cortinado. Foi um jantar bastante prazeroso com os noivos e seus convidados, e tínhamos grandes expectativas para o *show*.

Pouco antes do término do jantar, um funcionário do *resort* perguntou para Ann e eu se gostaríamos de nos oferecer como voluntários para participar do *show*. Não nos contou o que isso implicava, mas de repente estávamos nos bastidores com outros sete casais.

Enquanto aguardávamos, a cortina subiu e o apresentador ocupou o palco empunhando um microfone. Anunciou então que estávamos prestes a participar de um concurso de dança.

— Esses oito casais dançarão estilos diferentes de música do mundo inteiro, e o voto de vocês os excluirá da competição

— um por vez. O último casal que permanecer até o final vencerá o grande prêmio.

Nesse instante, tudo que consegui ouvir foram os grilos. Ann e eu éramos os piores dançarinos do mundo. Amamos dançar. Até queremos ser bons nisso, mas não é o que acontece. Quer dizer, Ann é uma boa dançarina, mas eu sou terrível.

Começou a soar uma valsa. A música começou com uma valsa vibrante: 1-2-3, 1-2-3. Bastaram três sequências dessas para demonstrarmos como éramos ruins naquilo. Continuamos valsando desajeitados pelo palco, orando o tempo todo para sermos a primeira equipe eliminada. Como sempre, nossas orações foram respondidas — fomos de fato o primeiro casal eliminado pelo público.

Uau, como fiquei feliz por aquilo ter chegado ao fim!

Quando caminhávamos de volta aos nossos lugares, o apresentador nos perguntou quem e de onde éramos. Respondi:

— Dave e Ann Wilson de Michigan. — Não sei se aquele lugar estava cheio de gente do Meio-Oeste, mas, de repente, a plateia começou a bater palmas e a pedir aos gritos que retornássemos à competição. Foi a única vez na minha vida em que eu teria preferido um "*Buuu!*".

O apresentador ouviu o clamor do povo e anunciou:

— Dave e Ann, vocês estão de volta à competição!

— Não, tudo bem — retruquei meio acanhado. — Estamos ótimos aqui sentados, assistindo às apresentações. De verdade.

Mas ele e o público não quiseram saber — retornamos ao concurso, querendo ou não... E, que fique bem claro, a resposta era "não".

Mesmo assim e contrariando todas as probabilidades imagináveis, tanto terrenas quanto celestiais, depois de mais cinco músicas, mantivemo-nos entre os três casais finalistas. *Que droga.* A partir de então, informou o apresentador a todos os presentes, dançaríamos um casal por vez, concorrendo ao grande prêmio.

— Dave e Ann de Michigan, vocês serão os primeiros.

Claro que sim. Ao nos encaminharmos para a frente do palco, ele revelou também qual seria a última categoria musical ao som da qual dançaríamos: "anos sessenta, acrobática". Perguntei-lhe o que queria dizer esse "acrobática", mas ele só respondeu:

— Quanto mais acrobáticos vocês se mostrarem, mais chance terão de levar o grande prêmio.

Nesse ponto, preciso contar a você que sou extremamente competitivo. Na verdade, meu desejo de vencer provou-se ainda mais forte nessa ocasião do que meu desdém pelo concurso de dança. Além disso, ninguém é mais competitivo que eu — quer dizer, exceto minha adorável esposa, Ann. Detestamos perder, seja o que for. (Talvez agora você compreenda por que escrevemos tanto sobre a sobrevivência do casamento às brigas de casal.)

Oh, e não nos esqueçamos do detalhe chamado "grande prêmio" de que o apresentador não parava de falar. Imaginei que com certeza seria outra estadia grátis naquele *resort*.

Prestou atenção na parte do *grátis*?

Por isso o nosso *total comprometimento*!

Mais uma coisa que você precisa ter em mente acerca dessa situação toda: Ann foi uma ginasta quase a vida toda. Assim, quando ele disse "acrobática", meus olhos se iluminaram. Eu sabia que ela era — e continua sendo, aliás — mais do que capaz de desempenhar um amplo leque de movimentos de ginástica... Piruetas no ar e rodopios e coisas desse tipo. Minha Ann consegue fazer mais flexões com um braço só do que jamais sonhei em tentar.

Pouco antes de a música começar, inclinei-me para ela e sussurrei:

— Se você concluir nosso número com uma flexão em um só braço, nós ganhamos!

Ela me olhou com um brilho competitivo nos olhos e respondeu:

— Deixa comigo!

A música começou, e lá fomos nós — bem, na verdade, lá foi ela. Mais do que depressa migrei para o fundo do palco enorme e comecei a dar pequenos passos de dança — imagine uma estranha fusão de John Travolta em *Os embalos de sábado à noite* com Kevin James em *Hitch, conselheiro amoroso*. Balançava os braços, sacudia o traseiro e me mexia feito um cotonete enquanto Ann trazia a casa abaixo.

Graciosamente ela disparou para o fundo e depois para a frente do palco, executando uma série de acrobacias mortais pelo ar. Aterrissou ao final de cada uma delas com perfeição, levando a plateia à loucura! Com todos os "ah!" e "oh!", as pessoas pareciam assistir a um espetáculo pirotécnico em vez de um concurso de dança. Limitei-me a continuar com meus passinhos de dança no fundo do palco, sussurrando sempre:

— Isso, garota, mostre para eles como é que se faz! — Não havia dúvida de qual de nós era a estrela naquele momento.

Quando a música estava para acabar, o instinto nos disse que necessitávamos de um *grand finale*. Corri para um lado do palco enquanto Ann passava para o outro aos saltos. Nossos olhares se cruzaram e por um impulso tive uma ideia luminosa. Curvei-me para a frente e acenei para que ela saltasse através do círculo que eu faria com os braços. Encerraríamos assim a incrível sequência de dança que exibíamos (uso o plural levianamente, é claro) naquele lugar.

Ela não entendeu nada, e a confusão ficou estampada em seu rosto. Assim, fiz um círculo com os braços e gesticulei para que ela saltasse pelo meio dele. De novo Ann pareceu perplexa. Não sei qual a dificuldade que ela estava tendo para me compreender. Meus braços formavam um círculo perfeito, como um bambolê. Na minha cabeça, imaginava nossa versão particular do *show* do Sea World, em que Shamu, a orca, salta para fora da água e atravessa um enorme bambolê, encerrando seu número ao cair de volta na água. Na minha visão magnificente, eu já conseguia enxergar Ann saltando entre meus braços e aterrissando no palco ao término de um salto perfeito — flutuando sem qualquer esforço e finalizando o espetáculo com a anteriormente mencionada flexão em um só braço. Eu então chegaria por trás dela e abriria dramaticamente os braços como quem diz: "Ta-da!". O público enlouqueceria e sem dúvida nos aplaudiria de pé.

Claro, na hora, não tive nem um segundo de hesitação quanto à conveniência de comparar aquela que era minha esposa havia duas décadas e meia com Shamu, a orca, ou de lhe pedir que se lançasse pelo ar rumo à morte certa.

Afinal, havia um grande prêmio a ser conquistado.

Especialistas que éramos em casamento, alguma coisa afinal deu um clique na cabeça de Ann e ela fez sinal para mim de que compreendera minha fantasia e estava mais que pronta (se não ansiosa) para alçar voo pelo ar como um enorme mamífero transoceânico. Pôs-se a correr a velocidade máxima em minha direção — máxima *mesmo*. Imagine uma atleta olímpica correndo rumo à mesa para executar seu salto — sendo eu a mesa, no caso.

Havia determinação em seus olhos. *Por isso me casei com essa mulher! Veja só a expressão facial dela. Ann nunca faz nada pela metade!* Dava para ver que ela estava disposta a tudo para vencer o grande prêmio e, com ele, passar mais uma temporada grátis naquele *resort* exótico. Por uma fração de segundo, o mundo foi um lugar perfeito.

Ao se aproximar de mim, Ann se atirou no ar com habilidade, atingindo uma altura inconcebível, muito acima do bambolê composto por meus braços. Supus que ela resolvera ir além do planejado, de modo que saí logo do caminho para deixá-la livre de empecilhos. Ainda seria um final extraordinário, de modo que rodopiei e preparei os últimos movimentos da minha dança. Tão concentrado fiquei que não cheguei a ver a aterrissagem de Ann. Mas a *ouvi*.

O baque surdo ecoou acima até da música estridente. Parecia que alguém se estatelara com tudo no chão — alguém que talvez esperasse que outro alguém o segurasse. Sim, você acertou. Por algum motivo, Ann achou que eu fosse pegá-la em pleno voo e girá-la como Patrick Swayze e Baby em *Dirty dancing — ritmo quente*. Eis um bom exemplo das diferenças existentes em nosso modo de pensar. Ela pensara em Patrick Swayze; eu, em Shamu.

Quando Ann se estatelou de modo espetaculoso no chão do palco, a um só tempo a plateia inteira prendeu a respiração. Eu não sabia se ela estava bem ou não, mas, de um jeito ou de outro, sabia que era um homem morto. O baque deve ter reverberado dentro de mim porque alguma coisa dentro do meu cérebro de homem das cavernas se pôs a funcionar. De repente, entendi o raciocínio de Ann, e sua lógica fez total sentido para mim — como faria para qualquer ser humano sensato. Por que raios fui lhe dar as costas no momento em que ela singrava o ar? Nem eu conseguia acreditar que a deixara levar um tombo daqueles.

Quando me virei, deparei com Ann deitada de rosto para baixo... e graças a Deus, rindo feito uma histérica. Olhei para a plateia, que me olhou de volta atônita. Sem dúvida, ficaram com a impressão de que me afastara no meio da acrobacia tentando fazer algum tipo de brincadeira, como quando Lucy tirando a bola da frente no exato instante em que Charlei Brown pretendia chutá-la. Na verdade, vi gente me olhando feio no *resort* pelos próximos dois dias; as pessoas custavam a acreditar que eu pudesse ser tão cruel com minha esposa. Tentei explicar, mas elas simplesmente giravam os olhos.

Ajudei Ann a se levantar, e ficou evidente para mim que ela sentia dor. A real dimensão dos danos ainda não estava clara, mas eu estava confiante de que os próximos acontecimentos fariam desaparecer toda a dor em um instante: nós ganhamos o primeiro lugar no concurso. Na verdade, os votos tinham sido unânimes. Talvez fossem votos por compaixão, mas não nos importávamos com esse tipo de coisa porque o grande prêmio faria que tudo tivesse valido a pena.

Afinal, qual era o grande prêmio? Você não vai acreditar...

Duas camisetas.

Mas a situação ficou ainda pior. Quando voltamos para Michigan e procuramos o médico, descobrimos que Ann quebrara os punhos na fatídica queda em cima do palco. Exato, foi grave assim — e eu me senti péssimo.

E Ann? Nem tanto. O médico estava aplicando o gesso em seus braços e ela continuava achando graça daquele suplício todo.

Nunca menos de 100%

Se tem uma coisa que nossa escapadela tropical (dois terços um luxo só, dois terços um completo desastre) revelou foi que esse casamento conta com nosso total comprometimento. Todo mundo que conhece Ann sabe que ela é do tipo que sempre se compromete. Nunca faz nada pela metade — nada mesmo. Seu comprometimento é total:

Em sua caminhada com Deus
Como minha esposa
Como mãe
No trabalho

Não existe nada na vida a que ela dedique meros 90% ou mesmo 95%. Ela é 100% o tempo todo. Essa é uma das principais razões por que a escolhi como esposa. Ann fará o que for preciso para transformar qualquer coisa em que está envolvida em algo memorável e espetacular.

O casamento é projetado com criatividade para ser uma empreitada de "total comprometimento". Qualquer coisa menos que isso dilui o convite divino para partilharmos tanto a adversidade quanto a aventura de maneiras tais que "pela metade" não tem o poder de sustentar. Para muitos casais, falta esse fator-chave no início da jornada em conjunto, o que com frequência os leva a se sentir ou desiludidos ou abandonados no meio da vida a dois.

Mas não importa qual é a sua situação no que diz respeito ao casamento — se ainda não chegou lá, se está bem no começo ou já navegando em velocidade de cruzeiro, com anos de experiência nas costas —, nunca é tarde para descobrir o valor infinito do "total comprometimento" no casamento do modo que Deus pretendeu que fosse para você.

Dê tudo o que você tem

Anos atrás, Ann e eu adotamos um versículo de vida para nós como casal: "Tudo o que fizerem, façam de todo o coração, como para o Senhor, e não para os homens, sabendo que receberão do Senhor a recompensa da herança. É a Cristo, o Senhor, que vocês estão servindo" (Colossenses 3.23,24).

"Tudo o que fizerem." São palavras fortes. Deus poderia ter deixado a questão meio vaga, ou especificado apenas algumas poucas áreas da vida. Poderia ter dito: "Quando seu marido for gentil e terno" ou "Quando sua esposa o encorajar como marido ou como pai". Em vez disso, Deus abrangeu sua vida inteira com o convite para vê-la pelo que de fato é: algo cheio de significado para ele. Pareça ou não trivial, a vida importa. Trata-se de um chamado para lhe dedicarmos tudo que temos, o tempo todo.

Essas palavras têm me reconfortado e corrigido muitas vezes no casamento, acima de tudo por ser fácil demais não perceber os momentos normais de "tanto faz como tanto fez". Quando o escritório sugou até a sua alma. Quando você está doente ou foi ferido. Quando as crianças ficam absolutamente surtadas sem razão aparente. Quando sua agenda está em ruínas e *rotina* soa como palavra de alguma língua estrangeira.

Nesses momentos de “tanto faz como tanto fez”, muitas vezes nos conformamos com a mediocridade. Todavia, um casamento saudável começa com uma mentalidade saudável, com a determinação de que vocês dois — *inteiros* — estão comprometidos com o mesmo objetivo. E, mais importante ainda, estão dispostos a lutar por isso mais do que a lutar um contra o outro.

Casamento não é brincadeira. É difícil de verdade. Nada mais fácil que começarmos com uma atitude de “total comprometimento”, mas então, quando a vida se complica (e isso sempre acontece), recuarmos, com frequência na expectativa de que nosso cônjuge assuma o comando e se saia melhor. E sim, há ocasiões em que um de nós está fraco e o outro precisa aguentar firme e impedir que as coisas degringolem — faz parte da parceria do casamento.

Não falo de tempos difíceis em relação às circunstâncias da vida, mas na maneira de cada um de vocês enxergar o casamento em si. Talvez você precise “dar a vez” de quando em quando para que seu cônjuge providencie a limpeza da mais recente sujeira que o cachorro aprontou na sala. Isso é normal.

Contudo, quando se trata daqueles momentos em que o casamento em si passa por extrema dificuldade, um número exagerado de casais prefere “dar a vez” a assumir juntos o “total comprometimento”. Quando sentir isso em você mesmo, a fim de sobreviver e encontrar sua perspectiva vertical, você na verdade deve se esquecer do seu cônjuge, ainda que só por um instante. Pare de culpá-lo. Pare de ficar procurando os defeitos dele e, com isso, excluindo os seus.

Sim, meu amigo, e quanto a *você*? Não é hora de assumir o controle? O comprometimento total. Ou talvez de retornar a esse nível de compromisso. De depositar seu eu inteiro sobre a mesa dia após dia.

Ann me ensinou muito acerca dessa perspectiva — e creia-me, não tem sido exatamente “mamão com açúcar” permanecer casada comigo. Eu a decepciono vezes e mais vezes quando deixo o egoísmo dominar meus atos. Em vez de segui-la e procurar lhe satisfazer as necessidades, olho querendo saber o que ela está fazendo por mim. No entanto, sem considerar se mereço ou não, ela continua correndo em minha direção — repetidas vezes ao longo dos anos — com temerário abandono.

Sim, ter "total comprometimento" no casamento às vezes causará feridas graves. Ser corajoso o suficiente para crescer e revelar de forma coerente o verdadeiro eu para seu cônjuge pode às vezes ser mais assustador que voar pelos ares sobre um palco mexicano. Você pode se lançar ao ar em termos emocionais, espirituais ou mesmo românticos... Apenas para descobrir que seu cônjuge falhou por deixar de o segurar — essa é a realidade, mais nada.

E então, quando você estiver recolocando as peças no lugar depois de um momento de desilusão, briga ou coisa parecida, nada mais fácil que jurar a si mesmo: *Nunca mais farei uma coisa dessa! Dói demais!*

Ann conhece essa história muito bem — tanto em nosso casamento quanto em seus pulsos. Mesmo assim, salta de qualquer jeito. Às vezes, consigo segurá-la; muitas vezes, não. Mas meu amigo, como temos visto Deus apresentar um espetáculo em nosso casamento. Uma coisa digo: ele *nunca deixou* e *nunca deixará* você cair!

Nossa rede de proteção

Aí está — o tema da história mudou (como deveria mesmo acontecer) de "eu e Ann" para "eu, Ann e Cristo". Quando Cristo faz parte da história e você responde ao primeiro convite vertical dele, até momentos dolorosos (como ter os dois punhos engessados) serão temperados com um senso de alegria contraintuitivo para as suas circunstâncias. Essa é a variável vertical. Essa é a rede de proteção para vocês dois.

Adotar o total comprometimento — ou permanecer nele — no seu casamento não é coisa que aconteça sem o risco real de sofrer dor ou mágoa, mas isso não constitui motivo para deixar de agarrar as mãos um do outro e dançar com todo o empenho! Porque, no fim das contas, quando (não se) você cair — mesmo que essa queda seja mais dura do que você jamais imaginou —, existe um Médico presente que promete levantar vocês dois, sarar suas feridas e os colocar outra vez na pista de dança.

Os melhores casamentos veem os riscos de os dois saltarem juntos, mas então confiam ainda mais nas promessas daquele capaz de segurar ou consertar qualquer que seja o resultado que se apresente.

Que grande oportunidade de adotar o "total comprometimento" no casamento mudando a perspectiva para um plano vertical! Como tenho feito muitas vezes na minha relação com Ann, ajoelhe-se agora mesmo e entregue seu eu inteiro para Jesus — mesmo se já o tiver feito mil vezes. E mesmo se o fizer sozinho. Como a vastidão do céu, o que reside acima de nós em Jesus é imensurável — não há como ficar sem o amor dele por você. Pode confiar nele o suficiente para pedir que ele dê a você uma nova força, uma nova perspectiva e o novo empenho de estar em total comprometimento com aquele ou aquela que você recebeu dele em casamento.

Lembre-se, você não pode controlar seu cônjuge; só pode mudar você mesmo. Bem, nem isso você consegue fazer, mas Jesus sim, com certeza.

Prometo que, se você saltar pelos ares hoje, Deus o amparará. Seu cônjuge pode não fazê-lo (pergunte para a Ann), mas o Senhor com certeza o fará.

Mas você só vai saber se pular.

Capítulo 17
Vitória pela rendição

Bem, aqui estamos nós! Aproxima-se do fim nosso tempo juntos e, como acontece em todos os casamentos, tem sido uma jornada e tanto. Não tínhamos a intenção de escrever um livro que respondesse a todas as perguntas, solucionasse todos os problemas e elucidasse todo o mistério do casamento. Esperávamos apenas indicar a solução vertical em Jesus, capaz de ser o alicerce para você concretizar o casamento com que sempre sonhou.

Por instinto, achamos que, se conseguíssemos nos esforçar bastante, falar bastante, trabalhar com bastante eficiência, administrar bastante bem nosso tempo ou mesmo orar bastante, então talvez fizéssemos nosso casamento dar certo. De novo, esse modo de pensar raras vezes é consciente, mas com frequência está incorporado ao nosso modo de abordar os relacionamentos. Começamos a achar que a intervenção divina é um suplemento útil do processo de que *nós* estamos encarregados. Em outras palavras, acreditamos que, se nos for permitido fazer o que bem entendemos tempo suficiente e contando com as circunstâncias certas, somos capazes de construir um casamento bem bom para nós mesmos.

Por todas as dicas e revelações que compartilhamos, esperamos que, quando fechar este livro, você chegue à conclusão de que Deus não é opcional, suplementar ou mesmo uma simples peça de quebra-cabeça proveitosa para tornar o casamento melhor. Não, Deus é a mesa sobre a qual repousa esse quebra-cabeça. Ele não é um suplemento; ele é a força em pessoa.

Recorra a Deus em primeiro lugar

Anos atrás, fizemos um passeio de canoa com alguns amigos. Um deles deixou cair um par de óculos de sol muito caro dentro da água barrenta ao extremo. Mas o local não era muito fundo, e sabíamos mais ou menos onde ele o derrubara, então que dificuldade poderíamos encontrar para resgatá-lo, certo?

Mergulhamos e procuramos durante mais de uma hora — sem achar nada. O desafio parecia mais simples do que de fato era, bem como a solução. Por fim, alguém teve a ideia que muitos de nós consideraria "infantil" ou "desnecessariamente religiosa", como se Deus não fosse se importar com algo tão insignificante como um par de óculos de sol. Mesmo assim, uma pessoa pediu a Deus que nos ajudasse a encontrar o que se perdera.

No mergulho seguinte, os óculos foram localizados. Lição aprendida: recorra a Deus primeiro, não por último. Ou talvez fosse melhor dizer: basta convidar Deus a entrar na situação e ver o que acontece.

Casamento parece algo simples quando só o que se vê são as águas cristalinas do romance, da atração e das juras de amor eterno. Ao longo do caminho, no entanto, é mais que certo que você se descobrirá vasculhando o leito do rio lamacento à procura de tudo que perdeu — coisas aparentemente fáceis de achar como palavras gentis, desejo sexual, solução de conflitos ou a simples concordância em relação ao controle do orçamento doméstico. O instinto o levará a sentir vontade de pensar que pode continuar mergulhando que em algum momento encontrará o que perdeu. Muitos casamentos — casamentos cristãos inclusive — se afogam nessas condições e debaixo desses pressupostos.

Quase nos afogamos nos nossos esforços de achar o que se perdera. Graças a Deus, paramos e nos verticalizamos. Criamos o hábito de pedir a Jesus que nos leve exatamente àquilo que não conseguimos encontrar sozinhos. Sim, ainda precisamos remar e nadar. Sim, ainda precisamos nos comunicar para tratar de temas difíceis e pedir perdão pelos erros repetidos. Mas Jesus foi fiel todas as vezes no sentido de encontrar o que se perdera na lama e restaurar o que era mais valioso — e tudo por causa de sua graça que nos convidava a acreditar que *só* ele é capaz de sustentar nosso casamento.

Jesus disse: "[...] sem mim vocês não podem fazer coisa alguma" (João 15.5). Costumamos aplicar suas palavras apenas à nossa capacidade de orar com coerência ou de ministrar de maneira eficaz em nossas igrejas. Por que agimos assim? Ele não poderia ter sido mais claro. "Sem mim vocês não podem fazer *coisa alguma*." Nem uma. Nada. Zero. Nunca. Deu para captar a ideia?

Digamos a mesma coisa de outro modo: sem a intervenção divina diária, você não pode fazer *nada* para ajudar seu casamento. Portanto, a mentalidade vertical não deveria ser suplementar às dicas, truques e estratégias para construir um casamento saudável; ela deveria ser o prato principal.

E a grande notícia está em que isso é muito simples. Tem a ver com pedir. Acreditar que *você* não é o centro do relacionamento e que nem tudo gira em torno da *sua* capacidade de reparar os erros. Afinal, não é isso que você quer de verdade? Alívio do sentimento de que tudo é sua responsabilidade, quando lá no fundo você se sabe incapaz de tudo que o casamento engloba?

Liberdade em Cristo não é um bordão de fanáticos religiosos. Ela é real. Mas essa liberdade só acontece pela rendição do controle àquele que está no controle. Se continuarmos relutando para deixar Jesus assumir o controle da nossa vida e do nosso casamento, significa que permanecemos aleatoriamente agarrados ao volante enquanto Jesus dirige — e todos conhecemos que tipo de arranhões na lataria (ou coisa pior) tal atitude produzirá.

Você não precisa de um grande livro ou conferência sobre casamento para salvar sua relação; você precisa de um grande Deus. Jesus devolve à vida os mortos e as coisas perdidas — e sobretudo os casamentos. Para ele nem uma coisa nem outra são difíceis; a dificuldade maior costuma estar em definir se renunciaremos ou não ao controle o suficiente para buscar e aceitar sua intervenção. Lutamos para abrir mão da discussão e ver como Jesus poderia nos conduzir à solução — aquela pela qual mais ansiamos. Mas, sim, isso pode significar que você "perde" seu argumento mais forte na discussão a fim de "ganhar" no casamento. Pergunte a si mesmo se essa briga em que está envolvido há horas, meses ou até anos transmite de fato uma sensação de liberdade, ainda que você esteja certo. O que você tem a perder deixando de se impor?

Perder-se significa ganhar Deus e sua intervenção.

Fases do relacionamento

Todo casamento passa por fases previsíveis e recorrentes. Se não tomarmos cuidado, essas fases podem levar à desilusão e a um muro de negatividade. Na verdade, os resultados dependem de nós. Essas fases não acontecem uma vez e pronto. Pelo contrário, se o casamento resistir, elas se repetirão diversas vezes. Cabe, portanto, a nós reconhecê-las e aprender a lidar com elas.

Usaremos agora as letras da palavra *redo* (*refazer*, em inglês) para descrever cada fase.

A fase romântica

Na época do namoro, só o que se tem é a tensão sexual. Uma fagulha. A magia. Introduzimos essa magia no casamento e a denominamos *lua de mel*. É o estágio em que os casais morrem de amores um pelo outro. Salivam só de verem um ao outro. Parecem incapazes de manter as mãos longe um do outro em público. Pode ser constrangedor às vezes, mas eles não parecem se importar. Dave se lembra de uma época em que Ann costumava passar as mãos pelo cabelo dele. Claro, esses dias ficaram para trás — bem como o cabelo de Dave!

Essa fase é divertidíssima. Há energia e paixão... O mundo inteiro parece diferente. Pouco tempo atrás, um rapaz solteiro chegou para Dave depois do culto e disse:

— Estou passando por um momento de elevação espiritual como não acontece há anos!

Ao que Dave retrucou:

— Está namorando alguém?

— Como você sabe? — respondeu o rapaz.

A fase da empolgação

Mas então você passa para o *e*, representando uma fase que também costuma ser muito divertida. Pode-se chamá-la de fase da *empolgação* ou da *expectativa*. Qualquer uma dessas duas palavras dará certo. Empolgação e expectativa decorrem da fase romântica. Você pensa que será sempre desse jeito — a tensão sexual e a magia que vocês têm um pelo outro sempre estarão presentes. Muitas pessoas se casam nessa fase, achando que seus sentimentos permanecerão sempre no auge.

Estão convencidas de que encontraram a pessoa certa e que ele ou ela sempre as amará e respeitará como ninguém mais seria capaz. Não verbalizamos essas ideias, mas nessa fase não conseguimos nem imaginar a possibilidade de nos decepcionar com nosso cônjuge. Na verdade, quando as pessoas nos dizem que o desapontamento pode estar logo mais à frente, concluímos que ninguém nunca amou tanto e foi tão amado quanto nós nos amamos. Somos perfeitos um para o outro, e sempre nos sentiremos assim.

Entra então em cena a próxima fase...

A fase da decepção

Nunca se sabe quando um casal chegará à fase da decepção, mas cedo ou tarde ela acontece para todos nós. Dave oficiou o casamento de um casal há apenas dois meses, e eles já pediram ajuda por acharem que cometeram o maior erro de suas vidas.

Ora, isso parece uma lua de mel *bem* curta, mas não demora muito para nossas expectativas, inviáveis desde o princípio, deixarem de ser dolorosamente atendidas. Os sentimentos enfraquecem — e a conclusão é que o casamento está em crise. Alguma coisa deve estar errada se os sentimentos mudaram. As pessoas não se dão conta de que eles sempre mudam e que isso não precisa ser um momento de pânico.

Mas entramos em pânico do mesmo jeito. Pensamos: *Isso que estou vivendo não se parece nada com o que pensei que seria.* Não há como determinar um número exato — três semanas, três meses, três ou quinze anos — mas surge um momento em que você olha para seu cônjuge e de repente se admira por ele ou ela não ser quem você achava que fosse.

Essa mulher não para de falar! Ele não é mais romântico! Esse sujeito só quer saber de sexo! Ele nem usa talher para comer, pelo amor de tudo que é mais sagrado!

Esse estágio do casamento é real. Quando você está no estágio da desilusão ou da decepção, é assim que se sente. E aqui começam os ferimentos de verdade. Dizemos e fazemos coisas que achávamos que jamais diríamos ou faríamos. Como a noite em que Dave disse a Ann que preferiria estar morto a casado com ela — foi um momento aviltante de desilusão. Todo casamento enfrentará um momento como esse.

Portanto, ao passar do romance para as expectativas e depois para a decepção, você se pergunta o que fazer.

Nesse ponto, você precisa escolher uma entre duas opções...

A fase do "o"

Acabou

O "*o*" é como uma bifurcação na estrada. Antes de mais nada, ele pode significar "*ocaso*". Recebe então o nome de divórcio. Separação. O fim do relacionamento. *Acabou para nós. Não conseguimos sair do lugar. Não aguento mais isso. Não posso continuar casado/casada com você. Você não é a pessoa certa para mim.*

Quando um casamento se rompe, é doloroso e horrível. Não só você e seu cônjuge são afetados, mas seus filhos também — e o legado que deixarão. O divórcio é uma espécie de morte, mesmo nos casos em que é o último recurso para se proteger.

No casamento, esse "*o*" é sempre incrivelmente doloroso e trágico. Representa o fim de um sonho, e sonhos não morrem fácil. Mas há outra opção...

Vencer

"Vencer" é um termo bíblico do livro de Apocalipse (veja, por exemplo, 2.7,11,17,26). Deus nos chama para vencer como seguidores de Cristo porque fomos redimidos e equipados para vencer o Maligno. Vencemos as lutas da vida pela graça e força de Jesus.

Na verdade, não se pode vencer sem Cristo. De novo, o motivo é simples: seu cônjuge *jamais* o completará como você anseia ser completado. Só Cristo pode fazer isso. E, se você ficar o tempo todo tentando obter o que imagina merecer do seu cônjuge, nunca será bem-sucedido — ele ou ela não o tem. Viverá sempre na letra "*d*" — sempre desiludido; sempre decepcionado.

Contudo, a partir do momento em que compreende que consegue vencer por meio de Cristo, algo maravilhoso acontece:

você volta ao "*r*" e recomeça outra vez. Funciona como um ciclo. O romance volta a inundar o seu relacionamento. Não, não será como nos primeiros dias em que vocês começaram a namorar — talvez seja até melhor que isso! Jesus é o Rei do refazer; sua graça nos restaura e leva de volta ao lugar que jamais conseguiríamos imaginar sozinhos.

Esse ciclo pode até se completar em um só dia. Tivemos conversas em nossa cozinha repletas de dor. Feridos, precisamos confiar em Cristo para que pudéssemos vencer e retroceder de modo que encontrássemos juntos nosso primeiro amor. Só Cristo é capaz de levá-lo do "ocaso" a "estar apaixonado" outra vez, tudo no mesmo ano — ou até no mesmo dia. Como vimos tentando convencer você, a influência vertical de Cristo não é apenas a ilustração de um sermão; ela é uma realidade muito presente, genuína e milagrosa do amor ativo de Deus por seu povo.

Você ficará absolutamente impressionado com o que Cristo pode fazer com as coisas ruins do seu casamento que você leva para ele.

Quando somos feridos, isolamo-nos em nossas emoções. Queremos permanecer isolados, mas, se o fizermos, criaremos potencial para perder a oportunidade de sermos refeitos por Deus. Em vez disso, temos de ir além da ofensa e do isolamento, mesmo que conversar seja difícil, e permitir que ele reinicie o processo.

A vitória vem pela rendição

Vitória e sobrevivência vêm pela rendição. Ao contrário do que acontece nas guerras físicas que travamos, se quiser vencer em seu casamento, renda-se. Desista. Isso não significa desistir e dizer que acabou. Significa renunciar a emitir sua opinião e declarar: "Não consigo fazer isso! Preciso de alguém maior do que eu para fazê-lo — e esse alguém não é o meu cônjuge".

Depois de mais de trinta anos de casados, constatamos que necessitamos desesperadamente que Jesus seja nosso alicerce.

Ele não pode desempenhar apenas o papel daquele de quem *dizemos* ser nosso alicerce; ele precisa sê-lo *de verdade*. Quando nós dois encontramos vida nele, somos cheios. E, a partir do momento em que os dois somos cheios por Deus, conseguimos ser doadores, em vez de tomadores, um para o outro. Aliás, por falar nisso, se seu cônjuge não se render a Deus, renda-se você. Ninguém controla ninguém, a não ser a si próprio. Peça a Deus que realize um milagre em seu cônjuge. Isso é tarefa dele, não sua.

Eis o que temos aprendido: quando não somos cheios por Jesus, tentamos obter um do outro o que só Deus pode nos dar. Fazemos do cônjuge nosso deus, e todo cônjuge é terrível como deus. Quando ele nos decepciona, concluímos que nos casamos com a pessoa errada, e a busca infinita continua.

No livro *Casamento sagrado*, Gary Thomas especula que talvez Deus nunca tenha pretendido que o casamento fosse para nos fazer felizes, mas para nos tornar santos, mais parecidos com Jesus.[1] Quando Ann se decepciona com Dave, sente-se obrigada a procurar Deus. Com Dave acontece a mesma coisa quando se decepciona com Ann. Ao clamarmos ao Senhor, descobrimos que ele começa a nos moldar e formatar de modo que sejamos mais como Cristo.

Uma das razões pelas quais você está tão decepcionado com seu casamento talvez seja porque Jesus o está atraindo para ele. Claro, o aconselhamento pode ajudar. Sim, a leitura de um bom livro sobre casamento pode ajudar. Sim, ir a um retiro de casais pode ajudar. Mas a única coisa de fato capaz de o transformar e a seu casamento é a sua rendição e a do seu casamento a Jesus. Nada mais conseguirá chegar perto de o transformar como Jesus o fará.

O apóstolo Paulo escreveu: "Quero *conhecer* Cristo [...]" (Filipenses 3.10). Não: "Quero conhecer *acerca* de Cristo".

[1] THOMAS, Gary. **O casamento sagrado.** Curitiba, PR: Editora Evangélica Esperança, 2013.

Nada disso. Ele afirmou que gostaria de conhecer Jesus na intimidade. Sua declaração completa foi: "Quero conhecer Cristo, o poder da sua ressurreição e a participação em seus sofrimentos, tornando-me como ele em sua morte".

Todo mundo quer vivenciar o poder de Cristo. Quem não haveria de querer uma coisa dessa? Mas Paulo diz que a única maneira pela qual podemos conhecer de verdade o poder de Deus é conhecendo-lhe também o sofrimento. A dor é uma porta de entrada para o poder. Nossa dor sempre nos empurra para Jesus. Você está tomando parte de uma guerra e será ferido, mas, mesmo em meio à dor, Deus provê um lugar de beleza para você e para seu casamento.

A melhor coisa que você pode fazer por seu relacionamento é se render — e assim se manter — a Jesus. Agarre-se a ele e deixe que ele traga a vitória à sua vida e ao seu casamento. Ouça, por favor: a resposta para seu casamento *não* está em saber quais são as necessidades do seu cônjuge em termos de amor e respeito e satisfazer a elas. A resposta se encontra com exclusividade na rendição a Jesus. Ele não entra simplesmente em sua vida e a torna um pouco melhor. Jesus não veio para converter pessoas más em boas; ele veio para tornar a dar vida a pessoas mortas.

Ele faz a mesma coisa com os casamentos. Quando você entrega sua vida e seu casamento a Jesus, ele entra e implementa uma reforma completa. Mesmo endereço, mas uma casa inteiramente diferente. Ele leva o casamento...

da morte para a vida
da desesperança para a plenitude da esperança
da impotência para a plenitude do poder
da falta de perdão para o perdão
do temor para o destemor
da tristeza para a alegria...

Esperamos que este livro o tenha ajudado a ver que Cristo, e só Cristo, é sua resposta. Ele deseja fazer um milagre em sua vida e em seu casamento. Se você optar por se verticalizar neste instante, ele começará a operar seu poder miraculoso, transformador de vidas e de legados.

Amo como a *Bíblia Viva* apresenta essa questão: "Em tudo quanto for fazer, lembre-se de colocar Deus em primeiro lugar. Ele guiará os seus passos e você andará pelo caminho do sucesso" (Provérbios 3.6).

O que você está esperando? Chegou o seu dia de começar uma nova vida, um novo casamento e um novo legado!

Ore agora mesmo:

> Pai, eu me rendo por inteiro ao Senhor neste instante. Coloco o Senhor em primeiro lugar de agora em diante e opto por encontrar minha vida, minha felicidade, só em Jesus. Enche-me com seu Filho, Jesus, de maneira tão poderosa que me torne o homem/a mulher que o senhor me criou para ser. No poder e no caráter do nome de Jesus eu oro. Amém.

Agradecimentos

Sermos autores de primeira viagem significa haver toneladas de pessoas responsáveis por este livro ser uma realidade. Do fundo do coração, queremos dizer obrigado a...

Dennis e Barbara Rainey — vocês nos convidaram para sermos palestrantes da FamilyLife há quase trinta anos e são nossos mentores desde então. Agradecemos pela dedicação a nós todos estes anos. Só o que fazemos é receber de vocês e distribuir para outras pessoas. Acho que isso se chama discipulado.

Bob Lepine — acredite se quiser, mas você foi o primeiro a dizer: "Escrevam *Casamento vertical,* mas tratem de escrevê-lo agora". Você foi a centelha que gerou este livro. Nossa gratidão por acreditar em nós.

Denny e Scoob — vocês fizeram a gentileza de nos oferecer sua casa para termos um lugar onde escrever. Gratos. Esperamos poder repetir a experiência em breve.

John Driver — você pegou dezenas de milhares de palavras escritas por nós e as reduziu a algo bem mais razoável. Sua habilidade e cuidado são excepcionais e seremos eternamente gratos a você.

Austin — que alegria chamar você de filho e agente literário ao mesmo tempo. Você é mesmo muito bom no seu trabalho! Ter você como nosso agente foi o ponto alto desta jornada. Sem você, este livro seria só mais um sonho, que, no entanto, você tornou realidade. Obrigado. Nós o amamos muito.

Equipe Zondervan: David Morris, Tom Dean, Sandra Vander Zicht, Dirk Buursma, Robin Barnett — todos profissionais ao extremo, conduziram-nos muitíssimo bem ao longo do processo. Sempre nos sentimos muito amados e valorizados. Obrigado por acreditarem em nós e nos levarem até a linha de chegada (sim, sabemos que o trabalho de verdade está apenas começando).

Igreja Kensington — nossa parceria com Steve e Paula, Mark e Callie e a equipe da Kensington na obra do Reino tem produzido uma alegria incrível e o real sentido de missão e propósito em nossas vidas. Ninguém ouve a voz de Deus e obedece a ela imediatamente como o pessoal da Kensington. Não somos dignos do seu amor e incentivo. Obrigado por confiarem em nós e nos seguirem durante os últimos vinte e nove anos. Este livro é nosso muito obrigado a vocês.

Casais do Detroit Lions — ao longo das últimas 33 temporadas, fomos impactados por inúmeros técnicos, gerentes gerais, presidentes e equipe, bem como por jogadores e respectivas esposas. São homens e mulheres que acreditaram em nós, seguiram-nos e moldaram quem somos hoje. E cada verdade presente em *Casamento vertical* foi primeiro testada em vocês!

Debbie — você nos serve fielmente há quase trinta anos com vigor e compromisso infinitos. Não seríamos capazes de escrever uma palavra sem você para cuidar de cada detalhe das nossas vidas. Consegue tornar acessíveis duas pessoas intratáveis, e nunca poderemos agradecer a você o bastante por tudo isso.

T2 e Primeiro Conselho Vertical — todo grande casamento conta com uma grande comunidade a rodeá-lo. Vocês são nossas almas gêmeas. Sua amizade, sua disposição de nos cobrar que prestemos contas e sua destreza e fé em nós fizeram do nosso ministério Casamento e Família uma realidade. Obrigado pelo compromisso inabalável conosco. Sem vocês, ainda estaríamos só falando de um livro.

Michelle — um forte aplauso especial por reservar tempo para ler o manuscrito inteiro e fazer ajustes na obra toda. Um comentário se fazia necessário em quase todos os capítulos. Sua amizade e comprometimento conosco trouxeram à tona o que tínhamos de melhor. Obrigado por todo o amor dedicado a Ann.

Dick e Toot (pai e mãe de Ann) — os cinquenta e oito anos em que estão casados são uma inspiração para nós e todos que os cercam! Vocês têm vivido de fato todas as juras de casamento que proferiram, especialmente o "na saúde e na doença" na atual etapa da vida. Obrigado por figurarem entre nossos melhores amigos e sempre acreditarem em nós.

Jesus — o Senhor nos salvou e então salvou nosso casamento. Sua graça para conosco é mesmo maravilhosa. Obrigado por nos conceder o caminho e a verdade e a única vida digna de ser vivida. Vertical é o Senhor, e só o Senhor. Nada existe sem o Senhor, e com o Senhor, tudo existe. Que o Senhor possa multiplicar sua graça, verdade e esperança para milhares de pessoas por meio dessas palavras.

Verticalizando

Perguntas para casais

Leia um capítulo e em seguida aconchegue-se na cama para conversar... Ou então se acomode junto à lareira, ou dentro do carro em um estacionamento qualquer. Quem sabe onde isso poderá levar você — a orar de joelhos no assoalho do carro, talvez?

Capítulo 1: Seis palavras que mudaram tudo

1. Quando aconteceu de você ser atingido por um "tijolo" no casamento — um desafio, uma reação ou uma situação que você nem imaginava estar vindo em sua direção?
2. Que tipo de impacto esse "tijolo" causou em seu relacionamento?
3. Quais são as suas expectativas em relação a:
    - seu casamento?
    - seu cônjuge?
4. Tem alguma coisa em seu casamento que você gostaria de poder compartilhar com seu cônjuge? O que o impede? O que me diz de tentar agora mesmo? (Apenas ouça e incentive. Sem revides. Em seguida, verticalize — sozinho ou a dois.)

Capítulo 2: "Já não sinto nada por você"

1. Em uma escala de 1 a 10, avalie seu casamento. (Tenha em mente que esse número aumentará e diminuirá o tempo todo.) Por que você deu essa classificação a seu casamento? (Talvez você queira orar antes de explicar.)
2. Como você lida com a decepção no relacionamento? Converse sobre o assunto com seu cônjuge e sobre o motivo pelo qual você lida dessa maneira com o problema.
3. De que maneira as pressões e a responsabilidades do trabalho, da vida ou dos filhos afetam seu casamento?

Capítulo 3: Surpresa na noite nupcial

1. Em que sentido Tiago 1.1-5 conflita com grande parte das expectativas que nos sentimos inclinados a acalentar em relação à vida dedicada a seguir Deus?
2. Como você se sentiria se acreditasse que Deus tem feito a você a mesma pergunta que propôs a Ann: "Você morreria e sacrificaria sua vida por mim para que eu possa fazer de ____________ a pessoa que quero que ele/ela seja?". Explique.
3. Discuta ou relate algumas provações que você e seu cônjuge atravessaram juntos ou estão atravessando no momento. Dave sempre diz: "As provações o azedam ou melhoram — a escolha é sua".
4. Sente-se em silêncio na companhia de Deus e pergunte-lhe se ele tem alguma coisa que queira dizer.

Capítulo 4: A verticalização começa aqui

1. Todo mundo diz primeiro Deus, depois a família e, por fim, o trabalho. Pergunte a seu cônjuge ou um amigo íntimo se você põe isso em prática e nessa ordem.
2. O que o impede de viver segundo essa ordem de prioridades?
3. Existem mudanças que você pode implementar em sua vida e agenda para aprimorar suas prioridades?

4. Pegue sua agenda e faça acontecer os seguintes tópicos:
    - Desvio diário — 15 minutos com Deus/conversando com seu cônjuge
    - Sumiço semanal — um dia de descanso/uma noite de encontro marcado por semana
    - Abandono anual — um retiro espiritual/para casais

Capítulo 5: "Volte e brigue feito homem!"

1. Como seus pais lidavam com o conflito? O que dava certo? O que dava errado?
2. Que estilo você adota ao solucionar conflitos — vencer, ceder, recuar ou solucionar? Até que ponto isso tem sido útil ou danoso?
3. Discuta um conflito recente que você enfrentou. O que deu certo e o que deu errado? Que mudanças pode fazer para melhorar? (A ideia aqui é mudar *você* — não seu cônjuge!)

Capítulo 6: Bem-vindo à selva

1. Onde o egoísmo se faz mais presente em seu casamento? (Se você pensou no quanto seu cônjuge é egoísta, acaba de responder à pergunta na prática! Hahaha.)
2. Se fosse "Satanás", como você destruiria seu casamento?
3. Como lutar contra Satanás, não contra seu cônjuge?
4. Discuta algumas estratégias que podem ajudar a lutar contra o inimigo em vez de lutar contra seu cônjuge. Aqui estão alguns exemplos:
    - Não brigue quando estiver com fome, cansado ou estressado.
    - Evite fazer acusações e não use um tom crítico.
    - Não revire os olhos.

Capítulo 7: As formas da ira

1. Pergunte a seu cônjuge ou a um bom amigo se ele ou ela acha que você tem problema com a raiva. Que tipo de sinais eles enxergam? (Cuidado com a maneira com que você se

expressa. Não use expressões como "você sempre" ou "você nunca". Comece com: "Sinto que..." ou "tenho a impressão...".)

2. Analise bem suas explosões de raiva. Qual é a primeira emoção que você deixou passar?
3. Qual é a melhor coisa que seu cônjuge pode fazer quando você estiver bravo? (Pergunte a ele ou ela.)
4. Qual é a pior coisa que seu cônjuge pode fazer quando você estiver bravo?
5. Você está precisando perdoar alguém? (Não se esqueça de perdoar você mesmo. Comece pedindo ajuda a Deus.)

Capítulo 8: Cale-se

1. Pergunte ao seu cônjuge se existe alguma área em que você não lhe dá ouvidos. (Não responda de imediato. Pense a respeito e pergunte a Deus como você pode mudar. Então, discuta o assunto no dia seguinte.)
2. Em vez de consertar os problemas do seu cônjuge, pergunte a ele como seria se você só o escutasse. (Não se surpreenda se ele pedir a você para desligar o celular ou a TV.)
3. Quando o assunto é dizer a verdade em amor, você é do tipo que se preocupa com a parte da verdade ou do amor? Se for com a verdade, como pode ser mais amoroso? (Eu tinha de orar sobre a questão e às vezes pedir a amigos que me ajudassem a reformular as frases antes de conversar com Dave.) Se você é do tipo preocupado com a parte do amor, peça a Deus a coragem de dizer a verdade em amor e de encontrar um parceiro que peça a você para prestar contas disso.

Capítulo 9: Derrube esse muro

1. Você tem a impressão de que há problemas não solucionados, ou tijolos, em seu relacionamento? Quais são eles e por que você acha que ainda não foram resolvidos?
2. Pergunte ao seu cônjuge se ele ou ela sente que há tijolos ou muros separando vocês.

3. Qual é o primeiro passo que *você* pode dar para se livrar dos tijolos? Dicas:
    - Ore.
    - Dê uma resposta branda.
    - Peça perdão se necessário.
    - Busque e conceda perdão.
4. Pergunte ao seu cônjuge que palavras e atos falam de amor e respeito por ele em meio ao conflito. (Se você costuma usar as palavras para depreciar, machucar ou repreender seu cônjuge, reconheça que errou e busque perdão. Deixe o orgulho de lado. Essa atitude honra a Deus. Faça dela uma prática constante. Ela derruba os muros.)

Capítulo10: "Só ouço vaia!"

1. Mulher, pergunte ao seu marido se ele acha que você torce por ele. Peça que explique a resposta.
2. Marido, conte à sua esposa que palavras ou atos transmitem a ideia de respeito por você.
3. Que palavras ou atos transmitem a você a ideia de desrespeito? (Mulher, comece a levar os pensamentos cativos e contenha-se quando pensamentos negativos acerca de seu marido devastarem sua mente. Para combater esse tipo de pensamento, mantenha um diário de aplausos. Comece anotando o que seu marido faz certo e tudo nele pelo que você se sente grata. Preenchidas várias páginas, marque um encontro com ele e leia suas anotações. Pegue seu marido fazendo algo bom todos os dias e o elogie por isso.)
4. Marido, compartilhe com sua esposa uma área em que, na sua opinião, só lhe faria bem receber mais aplausos.

Capítulo 11: O anseio de toda mulher

1. Marido, pergunte à sua esposa se ela se sente cuidada por você. Peça-lhe que explique a resposta.

2. Mulher, conte ao seu marido que palavras ou atos transmitem a ideia de amor a você.
3. Que palavras ou atos fazem que se sinta desprezada?
4. O que Efésios 5.25 nos ensina sobre como Cristo ama sua noiva? Que aplicação tem isso no seu casamento? (Marido, sua mulher anseia por ser cativada. Ponha um lembrete em seu telefone para fazer isso todos os dias. Pode ser enviando uma mensagem de texto, comprando rosas para ela, passando o aspirador na casa ou até dando banho nas crianças. Esse será o maior investimento na sua relação e colherá grandes dividendos. Não desista se ela não responder de imediato. Às vezes, leva algum tempo.)

Capítulo 12: Sexo na capela

1. Quais eram suas expectativas em relação a sexo antes de se casar?
2. Em que o sexo no casamento tem sido diferente do que você imaginava?
3. Qual é a melhor parte da sua vida sexual — ou, se você vem passando por lutas nessa área no momento, qual era a melhor parte?
4. Cite uma coisa que você pode fazer para melhorar sua vida sexual.

Capítulo 13: Você não pensa em sexo o tempo todo?

Pode ser um assunto difícil de debater, mas tente chegar lá.

1. Como o estresse, uma agenda insana ou os filhos afetam sua intimidade sexual?
2. Pergunte ao seu cônjuge o que você pode fazer para ajudá-lo ou ajudá-la a "entrar no clima".
3. Se a discussão girar em torno da frequência, pergunte ao seu cônjuge por que ele quer fazer mais sexo — ou talvez por que ele quer fazer menos sexo.

4. Para você, o que é toque não sexual? Conte ao seu cônjuge se ele for necessário e por quê.
5. Pergunte ao seu cônjuge se ele carrega alguma "mala" pesada e como você pode ajudar.

Capítulo 14: O problema do pescoço de Dave, parte 1

1. Já houve época em sua vida ou casamento em que você se sentiu tomado de uma incrível insegurança? Explique. De que forma essa insegurança afetou sua vida de casados?
2. Por que é importante conhecer sua identidade pessoal no casamento?
3. No casamento e na vida, em que é mais difícil confiar em Deus? O que o impede de entregar essa área para ele agora? Deus está perguntando: "Você consegue me confiar __________?". Qual é a sua resposta? (Siga nosso conselho. Entregue tudo a ele... agora!)

Capítulo 15: O problema do pescoço de Dave, parte 2

Chegou a hora de ter uma "conversa pornográfica".

1. Tem alguma tentação sexual que você está escondendo do seu cônjuge? Ore e peça a Deus que prepare o coração do seu cônjuge e que o conduza durante essa conversa. (Não desanime se sua confissão não for recebida com aplausos por você ter decidido se abrir com seu cônjuge. No nosso caso, essa conversa não foi muito boa a princípio. Lembre-se de que seu Pai celestial o aplaude feito louco por você trazer a situação à luz!)
2. Se vocês vêm lutando nessa área como casal, encontrem outro casal piedoso com o qual possam compartilhar o problema. Peça que os ajude e prestem contas a eles.
3. Se o seu cônjuge estiver passando por lutas, pergunte o que você pode fazer para ajudar. Comece orando por ele ou ela.

4. Todo marido precisa de um homem e toda esposa precisa de uma mulher que possam ajudá-los. Quem supre essa necessidade para você? Ligue para ele ou para ela ainda hoje.
5. Dave relacionou quatro ideias que podem ajudar homens ou mulheres. Como aplicar essas ideias à sua vida e a seu casamento hoje?

Capítulo 16: Total comprometimento

1. Já houve época em seu casamento em que um de vocês ou os dois pareciam não ter "total comprometimento"? O que levou a isso? Como vocês se sentiam?
   É tempo de decisão. Por mais difícil que esteja sendo, ou por pior que seja sua luta no casamento, não existe possibilidade de vitória, a menos que você esteja inteiramente comprometido em ir até o fim. Uma nova vida e um novo casamento começam neste instante. Não protele até amanhã. Comprometa-se, ou renove o compromisso, agora mesmo.
   Está disposto a assumir um "*total comprometimento*"? Então conte ao seu cônjuge e conte a Deus. Ele irá ao seu encontro onde você estiver e concederá poder para você levar adiante esse compromisso. Mas, se não houver essa disponibilidade da sua parte, pelo menos reserve tempo para pensar no seguinte: *o que me impede de dar esse salto?*

Capítulo 17: Vitória pela rendição

1. Em que fase do casamento — romântica, da empolgação, da decepção ou do "o" (ocaso ou vitória) — você se encontra no momento?
2. Que passo ou passos você pode dar para trazer de volta um pouco de romance e empolgação a seu casamento?
3. O que você está esperando? Faça isso de uma vez — agora!

Esta obra foi composta em Arno Pro
e impressa por Gráfica Eskenazi sobre papel
Offset 70 g/m^2 para Editora Vida.